실패할 용기

거 절 을 기 회 로 만 드 는 영 업 전 략

실패할
용기
이현호 지음

CUSTOMER ROYALTY COMES FROM CRM

서울문화사

오늘도 애타게
고객님을 찾아 헤매는
당신께 바치는 책

매일매일이 전쟁이다. 제품이나 서비스를 판매하는 기업인, 자영업자, 영업맨들은 그야말로 하루하루가 피 말리는 전쟁터의 군인과 같은 심정이다. 제품과 서비스를 잘 만들고, 이를 판매하기 위한 다양한 전략과 방법을 동원하지만 늘 사업 잘된다는 얘기보다는 어렵다는 얘기가 더 많다. 다들 안정적으로 수익을 창출하기 위해 모든 수단을 동원해 최선을 다하고 있다. 기본적으로 안정적인 수익은 신규 고객을 창출한 후, 그 고객이 재구매하게 하는 선순환 구조를 만들어야 가능하다. 신규 고객을 확보하기 위해서는 막대한 광고·홍보비를 투자해야 한다. 기존 고객이 재구매를 하게 한다면 이 비용을 줄일 수 있으니 손익을 내는 것이 훨씬 쉬워진다. 사업 성공의 가장 큰 비결은 기존의 고객을 팬으로 만들고, 충성도 높은 고객들을 통해 입소문을 증폭시키고 매출을 극대화하는 것이다. 안타깝게도 지금도 수많은 기업과 자영업체가 고객 관리에 실패하여 문을 닫고 있다.

신규 고객 창출 및 매출 증대를 도와주는 광고·홍보 대행사가 넘쳐난다. 신규 고객은 당장의 매출에 영향을 주어 회사의 생사를 쥐고 있는 것 같다. 반면에 대부분의 회사에서 고객이 된 후의 사후관리에는 그만큼 신경을 쓰지 않는다. 한 명의 고객을 잘 관리하면, 그가 키맨keyman이 되어 해당 제품과 서비스를 널리 홍보하게 되지만, 많은 경영자와 영업맨들은 이 점을 간과하고 있다.

통상 고객 관리라고 하면 SMS 발송, 정기간행물 발송, DM발송, 기념일 축하 문자 발송 등으로 인식하는 경우가 많다. 이런 것들을 하면서 고객을 잘 관리하고 있다고 생각하면 착각이다. 고객들은 이런 고객 관리 메시지를 스팸으로 보는 경우가 많다. 필요에 의해서 보험을 계약했지만, 설계사로부터 새로운 상품에 대한 원치 않는 정보를 계속

받는다면? 필요에 의해서 핸드폰을 개통했는데, 이후 반복적으로 핸드폰 교체를 권하는 전화를 한다면? 대출이 필요해서, 한 번 문의했을 뿐인데, 지속적으로 대출 서비스를 이용하라 권하면? 원치 않는 이벤트 정보를 계속 받으면? 고객이 원하는 정보와 내용이 아니기 때문에, 이 모든 것이 고객의 짜증을 돋우는 스팸이 되는 것이다. 기업이나 자영업체에서 일방적으로 보내는 메시지를 고급 정보로 인식하는 소비자는 더 이상 존재하지 않는다.

고객 관리는 고객과의 접점 관리라는 인식의 전환이 필요하다. 제품과 서비스를 이용한 고객과의 지속적인 접점을 만들어 고객에게 직·간접적으로 제품 및 서비스를 홍보해야 한다. 이 접점에 대한 생각을 바꾸어보자. 접점이 업체의 상품 관련 정보를 제공하는 것이 아니라, 고객이 받고자 하고, 실생활에서 필요한 정보와 실리를 제공하는 것으로 보자는 것이다. 또한 이를 통해 추가 계약을 할 수 있고 소개나 추천도 원활하게 받을 수 있게 하자는 것이다. 기존의 카페, 블로그, 카카오스토리, 인스타그램 등의 SNS는 이러한 접점을 만드는데 최적화되어 있지 않다. 그래서 나는 고객 관리에 최적화된 플랫폼을 새로 개발하였다.

고객 관리 플랫폼은 고객 삶의 질을 증대하기 위한 다양한 서비스로 구성이 되어야 한다. 판매하는 퍼스트 아이템(판매 주력 상품)을 홍보하는 게 주목적이 아니라 고객의 삶에 도움이 되는 다양한 서비스를 제공해야 한다. 이렇게 되면, 퍼스트 아이템에 대한 홍보 효과가 적지 않겠나는 의문을 제기할 수도 있을 것이다. 그러나 절대 걱정하지 않아도 된다. 고객이 다양한 혜택을 이용하려면, 플랫폼으로 들어와야만 가능하기 때문에 저절로 플랫폼 제공자의 퍼스트 아이템이 노출되고, 고객은 호감을 가지고 그것을 볼 수 있다. 이와 더불어 플랫폼 소유자인 상품 판매자는 고객의 취향과 니즈를 다각도로 모니터링함으로써 고객 성향 데이터를 구축할 수 있다는 이점도 있다.

성공적인 비즈니스를 위해 고객 관리는 필수다. 상품 및 서비스를 1회성으로 제공하는 업종이라면 다르겠지만, 반복적인 재구매와 재방문이 필요한 업종 그리고 계약 기간이 긴 상품을 판매하는 업종이라면 반드시 필요한 것이 고객 관리다. 재무설계사, 자동차 딜러, 방문 판매 영업인 같은 모든 영업맨들은 고객 관리를 해야 한다. 또 점포 운영 사업자인 병·의원, 미용실, 에스테틱, 부동산, 레스토랑, 학원, 유치원, 카페 등도 제대로 된 고객 관리 시스템을 갖추어야 한다. 이들은 모두 지속적으로 고객과 접촉할 수 있는 접점을 만들어서 추가 계약과 소개, 추천, 재방문, 재구매를 유도해야 생존할 수 있다. 그래서 나는 이 책에서 지금까지 현장에서 쌓아온 실질적인 고객 관리 노하우를 밝히려고 하는 것이다.

고객 관리만 잘하면 만사형통이라는 것은 절대 아니다. 우선은 판매하는 제품과 서비스가 높은 완성도를 갖추어야 한다. 음식이 맛없는 식당, 헤어컷 실력이 부족한 미용실, 불친절한 딜러, 실력 없는 재무상담사, 위생이 엉망인 병·의원이라면, 어차피 재방문이 이루어지기 어려워 고객 관리를 따로 할 필요가 없다. 고객 관리 플랫폼은 치열한 경쟁 구도에서 고객들의 재방문율을 높이기 위해 필요한 것으로 제품과 서비스의 완성도를 바탕에 깔고 있어야 한다. 상품의 최고 완성도를 유지하면서, 고객 관리 플랫폼을 도입하는 게 비즈니스의 장밋빛 미래를 보장하는 길이라는 것을 명심하자.

나는 15년 동안 하루하루 절실하게 무언가를 팔아야 했던 영업자이자, 세상의 냉대 속에서도 꿋꿋하게 가족과 직원들의 생계가 달린 제품을 들고 동분서주한 중소기업 대표이다. 그 경험과 노하우를 세상과 나누고 싶어서 이 책을 준비했다. 어려운 마케팅 용어나 이론을 설파하려는 것이 아니다. 오늘 당장 실천할 수 있는 효과적인 고객 관리 노하우를 전하고 싶은 것이다. 아무쪼록 불황 속에서 어려움을 겪고 있는 많은 영업맨들과 사장님들에게 작은 도움이라도 되었으면 하는 마음이다.

특별히 감사하고 싶은 분들이 있다. 지금의 결과물은 (주)e복지관 전 직원의 열정과 남다른 노력이 있었기에 가능했다. 함께해 온 모든 직원과 제휴 파트너님들께 진심으로 감사의 말씀을 드리고 싶다. 지난 8년 동안 늘 곁에서 묵묵히 남편의 성공을 바라보며 헌신하고 있는 아내 최미현과 사랑하는 두 딸, 영채와 은채에게 진심으로 감사하다는 말을 전하고 싶다. 그동안 아낌없이 지원을 해준 어머니 김영순 여사와 두 여동생, 이진희, 이금희에게도 감사의 마음을 전한다. 또한 후원과 격려를 아낌없이 보내주신 박춘경 회장님과 멘토 김대원 대표, 든든한 파트너가 되어준 이미혜 후배님과 그의 부군께도 감사의 마음을 전한다. 이들이 없었다면, ㈜e복지관이 8년을 이어오는 것이 불가능했다. 끝까지 용기를 잃지 않고 높이 날아오를 것을 약속드린다.

이현호

차례

1장

영업,
가슴 뛰는
나의 일

1
한 번만 더,
조금만 더

"아들아, 이제 그만 하면 어떻겠니? 장남으로서 가족들을 돌봐야지."

언제나 나의 든든한 후원자였던 어머니였다. 그런데 어느 순간부터 어머니가 변했다. 물론 그 속뜻을 모르는 게 아니다. 모두 나를 걱정하는 마음이라는 걸 잘 알고 있었다. 하지만 마지막 남은 후원자마저 내게서 '포기'를 종용해오자, 현기증이 밀려왔다.

나는 병·의원이나 중소기업을 대상으로 복지·고객 관리 프로그램을 제공하는 벤처기업을 꾸려오고 있었다. 영업자 출신으로 무모하게 도전한 IT 벤처는 나에게 너무나 많은 수업료를 요구해왔다. 병원장을 대상으로 다년간 자산 관리 상담을 해오던 나는 틈새시장을 발견했고, 비전과 열정만으로 그 시장을 공략할 벤처 사업에 뛰어들었다.

시장에 내놓는 프로그램마다 연이어 실패를 거듭했다. 영업맨 출신으로 생소한 분야인 IT를 지나치게 얕잡아 봤던 게 후회되었다. 내가 내놓은 기획에 따라 프로그램을 만들어준 개발자와의 동고동락도 끝장나기 직전이었다.

"대표님, 월급 없이 일하는 것도 한계가 있습니다. 아무리 좋은 비전이라도 해도, 지금 당장 입에 풀칠은 해야죠. 저도 처자식을 먹여살려야하는 입장이다 보니 걱정이 이만저만이 아닙니다."

프로그램 개발 업체의 직원으로 만났던 개발자였다. 삼성 SDS 출신으로 몸값이 높은 프로그램 개발자였는데, 내가 기획한 프로그램의 전망을 좋게 보고 퇴사를 했다. 한국은 물론 전 세계적으로 하루가 다르게 쏟아져 나오는 첨단 비즈니스 프로그램을 모조리 꿰고 있는 그가 보기에 내 비즈니스의 미래는 장밋빛이었던 것이다.

그런데 프로그램에 대한 시장의 반응은 싸늘하다 못해 참혹했다. 지인들은 침이 마르게 칭찬하면서 황금알을 낳는 비즈니스가 될 거라 말했었다. 나로서는 믿기 힘든 실패였다. 영업맨 시절 나는 남부러울 것이 살았다. 고향 춘천에 어머니와 함께 살 47평의 아파트를 장만했고, 용산에 오피스텔 두 채를 가지고 있었다. 아내 또한 고등학교 교사라 무엇 하나 부족함 없는 행복한 나날이었다. 분명, 얼마 전 골든와이즈닥터스컴퍼니를 다닐 때만 해도 그랬다.

그런 내가 어쩌다보니 파산 지경까지 이른 것이다. 이미 내 재산은 모조리 사업 자금으로 사용되었고, 그것도 모자라 교사인 아내의 신용대출금, 여동생의 미용실 창업 자금, 후배와 동료에게 빌린 돈이 순식간에 사라졌다. 한 6개월 동안은 벼랑길을 위태위태 걸어가는 기분이었다. 가족들이 매일같이 사업 포기를 종용했다.

아내는 말했다.

"여보, 송충이는 솔잎을 먹어야 한다고 당신은 세일즈를 해야 해요. 당신은 세일즈에서는 어느 누구에게도 뒤지지 않는 실력을 발휘하잖아요. 당신은 세일즈를 할 때가 가장 활기차고 가장 행복했다는 거 잘 알잖아요. 여보, 어머님 건강도 좋지 않으신데 걱정 끼치지 말고, 이제 그만 사업을 접으세요. 지난 일에 대해선 뭐라고 말하지 않겠어요."

여동생도 빠지지 않았다.

"오빠, 내가 그동안 적금 들어 모은 돈 어떡할래요? 오빠가 세 배로 갚아준다고 한다는 말 잊지 않으셨죠? 벌써 3년이 흘렀어요. 이제 오빠가 결단을 내리셔야 해요. 내 돈 당장 갚으라는 말은 안 할 테니까 예전처럼 세일즈를 하세요. 그러면 우리 집안에도 행복이 돌아올 거라고 믿어요."

화려했던 나의 프로 세일즈의 커리어가 주마등처럼 스쳤다. 타고난 걸까? 사회생활을 시작한 것도 세일즈였는데 이후 옮기는 회사에서 매번 최고의 성과를 내었다. 영업맨으로서 내 미래는 장밋빛이었다. 후회가 밀려왔다.

하루는 혼자 한강으로 터벅터벅 걸어갔다. 어스름이 내린 한강변을 지나 한강대교 위에 섰다. 칼바람이 사정없이 몰아쳐왔다. 대교 밑을 내려다보았다. 검푸른 한강이 눈에 들어오자, 정신이 퍼뜩 들었다. 뉴스에서 보아왔던 자살기도자가 바로 나였다. 온몸이 부들부들 떨려왔다. 다시 한강을 바라보면서 생각했다.

'저 한강은 얼마나 깊을까? 겨울인데 얼마나 차가울까?'

그 생각 뒤로 가족의 얼굴이 떠올랐다. 내가 가고 나면, 내 가족은 누가 지켜줄 것인가? 눈물이 주르륵 흘렀다. 차마, 뉴스에 오르내릴 일은 할 수 없었다.

회사로 돌아왔지만, 변한 게 전혀 없었다. 오히려 압박감이 더 거세게 밀려왔다. 당장 다음 주로 돌아온 직원들 월급날이 문제였다. 대책이 없었다.

벼랑을 걷듯 아슬아슬한 생활이 6개월 동안 이어졌다. 몸도 마음도 다 지쳤다. 무엇보다 나를 믿고 후원해주는 사람이 단 한명도 없었기에 벌판에 버려진 듯한 기분이었다. 마음속으로는 50퍼센트 이상 사업을 포기하는 쪽으로 기울어지고 있었다. 그것만이 유일한 해법이었다.

마지막 결정을 내리기 위해 아버지의 묘소를 찾았다. 그곳은 어려운 일이 있을 때나 힘든 결정을 해야 할 때면 찾아가서 의지하곤 하는 곳이다. 소주를 한잔 따르고 나니, 모 선배의 말이 내 귓전을 따갑게 때렸다.

"너는 네 목표를 위해 가족과 주위 사람들을 희생시켰어. 넌 그들을 담보로 너의 만족을 채우는 이기주의자라고. 너, 이제 할 만큼 했다. 그러니 이제 그만해라. 우리 모두의 행복을 위해서 말이야."

가슴이 송곳에 찔린 듯 아팠고, 절로 눈물이 나왔다. 그 선배는 세일 즈업계에서 만났다. 그는 누구보다 나를 잘 알고 있었고, 나를 아꼈다. 나는 그 선배를 존경했다.

나는 묘에 소주를 뿌리고 나서 아버지에게 사업을 계속 해도 되는지 여쭤보았다. 창업을 한 이후 줄곧 가시밭길을 걸어왔다. 그동안 10억여 원의 투자금과 내 피눈물을 쏟아부어왔다. 이제 그 모든 것이 물거품이 되고 말 운명이었다.

가슴속에서 아버지의 목소리가 희미하게 울려나왔다.

"이제까지 버텨온 것도 장하다. 내 아들이니까 여기까지 왔지, 다른 사람이라면 그 전에 포기했을 거다. 아들아, 한 번만 더 조금만 더 있는 힘을 내면 어떻겠니? 나는 네가 잘 해낼 거라고 믿는다."

2
촌놈,
화려한 서울 데뷔

내가 세일즈로 첫 단추를 꿴 곳은 글로벌 기업 존슨앤존슨의 계열사 올소 클리니컬 다이어그노스틱스Ortho Clinical Diagnostics이다. 지금이나 그때나, 청춘이라면 누구나 입사하고 싶은 기업 중 하나다. 그만큼 누구에게나 쉽게 문이 열리지 않는 곳이기도 하다. 나는 255 대 1의 경쟁률을 뚫고 입사하였다.

당시, 나는 최선을 다하기는 했지만 막상 높은 경쟁률 앞에서 입사의 꿈이 멀게만 느껴졌었다. 명문대 출신들이 몰려들었기 때문에 강원도에서 대학을 마쳤던 나는 큰 기대를 할 수 없었다. 그런데 서류가 통과되더니, 마침내 면접을 통과했다.

나에게 이런 기회가 찾아왔던 건 우연이었을까? 그렇진 않다. 나에 겐 영어 실력과 발표력, 체력이라는 세 가지 무기가 있었다.

존슨앤존슨에 입사 지원했을 때 나의 토익점수가 965점이었는데 입사 후 평가에서는 만점을 받았다. 나는 서울에 있는 대학에 진학할 수 있는 성적이었지만 가정 형편상 춘천 소재의 강원대학교에 진학했었다. 초반에는 특별한 꿈도 의욕도 없이 지냈다. 그러던 어느 날 우연히 마음속에 꼭꼭 숨겨두었던 꿈의 불씨가 살아나는 계기를 만났다.

버스를 타고 집으로 가고 있을 때 라디오 뉴스가 흘러나왔다. 화제의 인물이 소개되고 있었다. 모 지방대 학생이 우수한 영어 성적을 바탕으로 외국의 명문 대학에 유학을 가서 공부하고 있다는 내용이었다. 그 사람은 자신감 넘치는 목소리로 자신의 비전을 말했다.

흔들리는 버스 좌석에 앉아 그 뉴스를 듣고 있던 나는 그가 부러웠다. 그는 현실에 안주하지 않고 꿈을 이루기 위해 치열하게 영어 공부를 했던 것이다. 내 자신이 한없이 초라하게 느껴졌다. 그 사람은 글로벌 무대에서 청춘을 펼치겠지만, 나는 지방 한 구석에서 젊음을 흘려보내야 한다는 생각에 씁쓸해졌다.

도중에 버스에서 내려 한참을 걸으면서 생각에 빠졌다. 날이 어두워져가고 있었다. 그 대학생의 패기 넘치는 목소리가 귓가에 맴돌았다. 가로등이 하나둘 켜지기 시작하면서, 나는 속으로 결심했다.

'우선, 영어를 마스터해 보자. 외국 무대에서 활동하는 걸 대비해서 말이야. 청춘을 이대로 흘려보낼 수 없지!'

이후로 영어 공부에 매진했다. 강원도 홍천 대명콘도 건축 현장에서 아르바이트를 하면서도 자투리 시간을 이용해 회화 테이프를 들었고, 군대에서도 시간만 나면 영어 공부를 했다. 제대 후에는 막노동 알바를 해서 모은 자금을 들고 친척이 있는 미국으로 건너가 2년 정도 생활했다. 그곳에서 짧은 어학연수를 마치고 뉴욕시립대^{Baruch College of New York}에서 마케팅(비정규과정)을 공부했다. 또 담당 교수님의 주선으로 뮤지컬 퍼포먼스 회사의 현장에서 일하면서 실무적인 지식과 함께 영어 실력을 키웠다. 다시 한국으로 돌아온 후에는 춘천에서 영어 동아리^{Spring Stream}를 만들어 이끌면서, 더욱 영어 실력을 높여 간 끝에 토익 만점을 받을 수 있었던 것이다.

나의 또 다른 무기는 발표력이었다. 대학교 때 과대표를 맡는 등 앞장서서 일을 추진하는 편이었다. 내가 영어 동아리를 만들 게 된 것도 우연이 아니다. 동아리를 이끌면서 영어 발표와 토론을 습관화했던 것이 많은 도움이 되었다. 이렇게 해서 사람들 앞에 서서 전하고 싶은 메시지를 또박또박 전달할 수 있는 경쟁력을 가지게 된 것이다. 사실, 지금에 와서 고백하는 것이지만, 워낙 부끄러움을 타는 성격이라 사람들 앞에서 말 한마디 못하던 성격을 개조하려고 노력하는 과정에서 서서히 발표력이 향상되어왔다. 어찌 보면, 성장하기 위한 처절한 몸부림 끝에 얻어낸 후천적 장기이지 타고난 재능은 결코 아니다.

마지막 무기는 체력이었다. 경쟁에서 다른 건 몰라도, 체력에서는 뒤지지 않으리라는 각오가 있었다. 때문에 대학 재학 중에 205특공여단에 자진 입대해서 힘든 훈련을 받으며 체력을 단련했다. 가장 기억에 남는 것은 205특공마라톤과 205특공수영이다. 205특공마라톤은 완전 군장을 하고 7킬로미터를 전력 질주하는 경기다. 단거리 기록이 좋지는 않지만 폐활량이 좋은 내게 상당히 유리한 경기여서 참가자 500명 중 1등을 했다. 경남 남해에서 열린 205특공수영대회에서도 1등을 해서 포상 휴가를 받기도 했다.

이렇게 기초 체력을 다져온 결과, 나는 40대 중반이 지난 지금도 25킬로미터 수영을 할 수 있다. 이렇게 장거리 수영을 할 수 있게 된 것은 내가 특별히 수영을 좋아해서가 아니었다. 내겐 가슴 아픈 사연이 있다. 고등학교 2학년 10월, 가난한 가정을 이끌던 아버지가 낭만의 강이라 불리는 소양강에 빠져 익사하셨다. 이 일을 겪은 나는 많은 시간을 수영에 투자했고, 누군가 물에 빠지게 되면 내가 직접 구해내야겠다는 생각을 했다. 장시간 수영을 하다보면 도중에 지쳐서 정신이 가물거리기도 하고, 가슴이 터질 것도 같다. 팔다리에 마비 증세가 와서 더 이상 앞으로 나갈 수 없을 지경이 되기도 한다. 그래도 이를 악물고 본능적으로 팔다리를 움직여 앞으로 나아갔다. 이렇게 완주를 하고 나면 겨드랑에 핏물이 고이기까지 했다. 이런 연습을 수없이 반복해 왔다. 그 결과 25킬로미터 수영을 완주하는 강철 체력을 얻을 수 있었다. 슬픔과 한이 만들어 낸 기초 체력인 셈이다.

알리바바의 마윈 회장. 그가 억만장자가 되는 과정은 순탄치 않았다. 그는 대학 입학시험에서 세 번 낙방했고, 입사시험에 서른 번 탈락한 불운한 청춘이었다. 심지어 아르바이트생을 뽑는 KFC도 그의 볼품없는 외모 때문에 입사를 허락하지 않았다. 그런 그가 세계적인 기업가가 될 수 있었던 이유가 뭘까?

가장 결정적인 것은 영어 실력이다. 그가 유일하게 잘했고, 좋아했던 것이 영어였고, 유일하게 할 수 있던 일도 영어강사였다. 근근이 영어강사로 생활하던 그는 영어 실력을 인정받아 번역회사를 성공적으로 운영하게 되었다. 이런 그에게 기회가 왔다. 정부의 요청으로 미국 출장을 가서 난생처음 인터넷 비즈니스에 눈을 뜨게 된 것이다. 이로부터 지금의 알리바바가 탄생할 수 있었다.

알리바바를 만든 마윈 회장의 무기는 결국 영어였을 것이다. 내가 존슨앤존슨에 합격할 수 있게 한 중요한 무기가 그랬듯이 말이다. 비전은 없는 게 아니라, 도처에 널려 있다. 다만, 비전을 낚아채는 무기가 없을 뿐이다.

루저로 젊은 시절을 보냈던 마윈 회장은 청춘에게 말한다.

"당신의 비전이 오늘을 향해 있다면 당신은 오늘의 일을 하는 것이고, 당신의 비전이 15년 뒤를 바라본다면 당신은 15년 뒤의 일을 하는 것이다."

루저로 젊은 시절을 보냈던 마윈 회장은 청춘에게 말한다.

"당신의 비전이 오늘을 향해 있다면
당신은 오늘의 일을 하는 것이고,
당신의 비전이 15년 뒤를 바라본다면
당신은 15년 뒤의 일을 하는 것이다."

3
가슴 뛰는
사명 의식

"우리와 함께하지 않겠소?"

존슨앤존슨에서 시작된 나의 세일즈맨 생활이 순탄하게 이어지고 있었다. 목동에 소재한 한 대학 병원에서 프레젠테이션을 마치고 나오는 내게 누군가 명함을 내밀었다. 그날은 검사 장비 입찰 경쟁 프레젠테이션이 있는 날이었는데, 나는 일개 사원 신분으로 발표를 진행했다. 경쟁 업체인 대기업과 글로벌 기업에서는 다들 부장급 간부가 발표를 했다.

"프레젠테이션을 참 잘하시네요. 처음엔 못 보던 부장이 새로 영입

되었나 하고 오해했어요. 어찌나 호소력 있게 발표를 잘하는지 감탄이 절로 나오더군요. 아직 사원이라면서요? 그렇게 좋은 재능을 더 큰 기업에서 펼쳐보는 게 어떻습니까?"

그분은 로슈 다이어그노스틱스 Roche Diagnostics Korea 간부였다. 업계 1위 업체 간부의 솔깃한 요청에 마음이 흔들렸다. 존슨앤존슨의 자회사 올소 클리니컬은 국내 비즈니스를 축소하고 있는 상황이라 내 꿈을 맘껏 펼치기에는 어려운 점이 있었다. 결국, 로슈의 영업이사님과 면담을 하고 이직을 결심했다.

이후, 나는 로슈 다이어그노스틱스 세일즈 책임자로 서울대병원, 충남대병원, 고려대병원, 건양대학병원 등 굴지의 병원을 대상으로 마음껏 영업을 펼쳤다. 이곳에서 본격적으로 세일즈 감각과 선진화된 글로벌 기업 문화를 익힐 수 있었다. 무엇보다 글로벌 기업이 능력 위주로 직원을 선발하고 보상해주는 것이 마음에 들었다. 이곳에선 누구나 공평하게 능력과 성과에 따라 승진할 수 있었다. 세일즈 실력을 인정받자 새로운 꿈을 꾸기 시작했다.

'글로벌 기업에서는 누구에게나 CEO의 기회가 열려 있어. 한국 기업과는 완전히 달라. 세일즈로 최고 성과를 낸다면 내가 CEO가 되는 게 결코 불가능한 일이 아니야. 아니, 가능하고도 남아.'

나는 퇴근 후에 강남 역삼동에 있는 학원에서 MBA 과정을 목표로

GMAT 공부를 해나갔다. 언젠가 글로벌 기업 대표가 되었을 때, 꼭 필요한 전문 지식을 미리 쌓아두기 위해서였다. 아내와도 떨어져 지내면서 시간을 허투루 보내지 않고 공부에 매진했다.

그러던 중 2005년에 글로벌 금융회사에서 이직 제안이 들어왔다. 제안을 한 곳은 푸르덴셜 생명이었다. 사실, 그때만 해도 보험에 대한 인식이 좋지 않았다. 어머니는 나의 이직을 극구 반대하셨다.

"동네 아줌마나 하는 일을 왜 네가 하냐? 그 좋은 회사를 놔두고 하필 보험회사냐?"

이런 식이었다. 아내도 마찬가지였다. 다국적 기업에서 근무하는 전도유망한 남편을 늘 자랑스러워했는데, 그런 자랑스러운 남편이 어떻게 보험 영업을 할 수 있느냐는 것이었다.

고심 끝에 푸르덴셜 생명 한얼지점의 이성훈 지점장과 면담하기로 했다. 아직 마음의 결정을 내리지 못한 상태였다. 차를 마시면서 편하게 대화를 했다. 사무적인 만남이었는데도 소탈하게 대해주셨다. 그래서 어렵지 않게 가족사에 대해 이야기하게 되었다.

"어려운 가정 형편이긴 했지만 큰 걱정 없이 살아왔었습니다. 그러다 아버지가 소양강에 빠져 돌아가시는 바람에 집안이 풍비박산이 나고 말았어요. 아버지가 돌아가신 이후론 하루하루 살아가기가 힘들었습니다. 어머니는 닥치는 대로 일을 해서 자식들 뒷바라지를 해야 했고, 저도 좋은 대학을 가는 꿈을 접어야 했죠. 두 여동생도 마찬가지에요. 좋은 환경에서 공부를 했었더라면 좋은 대학을 나와서 번듯한 직장을 다닐 수 있었겠지요. 모두 아버지가 돌아가시는 바람에 …"

말을 끝맺지 못하고 끝내 꺼이꺼이 통곡하고 말았다. 내 말을 경청하던 그가 내 등을 토닥이면서 티슈를 건넸다. 자신도 가정 형편이 어려워서 고학했다고 말했다. 그러고는 슬며시 이런 말을 꺼냈다.

"이제, 본론을 말해도 될 것 같네. 처음부터 보험 이야기가 나왔으면 역효과가 날 게 뻔해서 이제 말하는 거야. 앞으로 자네가 할 일은 자네와 같은 불행한 가정이 생기는 걸 막는 거야. 세상의 수많은 가정을 지키고 있는 아버지가 만에 하나 쓰러져 버리면 남은 가족은 누가 책임지느냐는 거지. 남은 가족에겐 고생길이 쫙 펼쳐질 수 밖에 없지 않겠어? 그러니까, 자네가 할 일은 그런 가정의 불행을 막는 수호천사가 되는 거야. 누구보다 그런 가정의 불행을 잘 알고 있는 자네야말로 이 일이 제격인 셈이지. 난, 아무에게나 이런 제안을 하지 않아. 거듭 말하지만 잘 생각해보게. 만약, 자네 아버지가 1억짜리 종신보험에 들었더라면 가족들은 그 고생을 하지 않았겠지? 자네 어머니의 희생을 막을 수 있었고, 또 자네도 안정되게 공부를 해서 더 좋은 대학에 진학할 수 있었겠지. 자, 이제 알겠나? 내가 자네에게 권하는 일은 사명감을 갖고 가정의 평화를 지키는 일이야."

'사명감'이라는 말과 '가정의 평화'라는 말이 가슴속을 파고들었다. 그때까지 나는 특별한 사명 의식 없이 순탄한 영업맨의 길을 걸어왔다. 열심히 발로 뛰고, 목이 쉬도록 면담을 하고 프레젠테이션을 해서 높은 성과를 거두었고, 그래서 궁극적으로 다국적 기업의 CEO가 되는 게 목표였다. 순전히 나를 위한 계획뿐이었다.

그런데, 지점장님이 내게 제안한 것은 남을 위한 일이었다. 사회의 기본이 되는 가정의 평화와 행복을 지키는 일이었다. 가슴이 환해지는 느낌을 받았다. 이게 바로 내가 가야할 길이라는 생각이 들었다. 이 일이야말로 내가 가장 잘할 수 있으며, 또한 내가 해야 할 일이라고 생각되었다. 다시 아버지 묘소를 찾았다. 아버지에게서 내가 가정의 행복을 지키는 일을 해도 좋다는 무언의 응답을 받았다.

그러나 나를 좋게 평가해준 회사에서는 쉽게 사직서를 받아주지 않았다. 세 번이나 사직서를 냈는데, 그때마다 상사가 찢어버렸다. 대체 그 보험회사가 우리 회사보다 무엇이 더 낫냐는 것이다. 하나라도 나은 게 있으면 대보라는 것이다. 솔직히 보험회사에 대한 안 좋은 이미지에 급여와 처우, 복지, 전망 그 어느 것도 나을 게 없었다. 나은 것은 단 하나 내 가슴을 뛰게 하는 사명감이 느껴지는 일이라는 것이었다. 결국, 회사에서는 네 번째 사직서를 받아들였다. 나를 아끼던 이사님께서는 이런 말을 했다.

"그래, 그 잘난 보험사를 가겠다니 좋아. 나중에 성공해서 보자. 그때까진 찾아오지도 말거라! 네가 성공해서 찾아오면, 그땐 나도 너의 고객이 되어 주마. 약속 꼭 지켜라."

사명 의식을 안고 시작한 보험 세일즈라 처음부터 각오가 남달랐다. 입사하자마자, 내게 이직을 권했던 지점장에게 간곡하게 부탁했다.

"지점장님, 세일즈의 모든 노하우를 전수해 주십시오. 단 하나도 빠뜨리지 않고 모두 제 것으로 만들겠습니다. 걱정하던 사람들 보란 듯이 성공하고 싶습니다."

이 지점장님이 내게 A4 한 장을 건넸다.

"지금부터 내가 하는 말을 그대로 적고 사인을 하게. 나 이현호는 지점장이 시키는 일을 모두 완수하고 정해진 룰은 반드시 지키겠다."

그 말을 그대로 받아 적은 후 사인을 하고 지점장님에게 주었다. 종이를 받은 지점장은 선물로 줄 게 있다며 작은 상자를 건넸다. 상자 안에는 시가 커터가 들어 있었다.
지점장이 단호한 눈빛으로 말했다.

"자네, 앞으로 날마다 하루에 일곱 명을 만난다면 1년에 1억을 벌 수 있네. 그러니까 무슨 일이 있어도 하루에 일곱 명을 만나야 하네. 만약, 일곱 명을 채우지 못하면 그 벌로 시가 커터로 손가락 한 마디를 직접 자르게."

등에 얼음물을 끼얹은 듯 냉기가 쫙 끼쳐왔다. 시가 커터야말로 앞으로 내가 가는 길이 얼마나 험난한 일인지를 잘 웅변해주고 있었다. 시가 커터로 진짜 손가락을 자르는 일이야 있겠느냐마는 그만한 각오를 갖지 않고서는 보험 영업자로로 성공하기 힘들다는 의미였을 것이다.

이후로 이전 회사에서 영업할 때의 매너리즘을 완전히 지우고, 처음부터 세일즈를 배우는 마음으로 다시 시작했다. 지점장님이 가르쳐주는 것, 지켜야할 룰을 하나도 빠짐없이 따랐다. 하지만 아무리 최선을 다한다 해도 1년 내내 하루에 일곱 명을 만나는 것은 쉬운 일이 아니었다. 이럴 때 나에게 심기일전 할 수 있는 '처벌'을 내렸다. 귀가하지 않고, 지점장님이 선물해 주신 회사 간이침대에서 잠을 잤다. 한겨울에도 화장실에서 얼음물로 세수를 했다. 악착같이 나를 다그치고 다그치면서 프로 세일즈맨의 길로 나아갔다.

3개월 뒤 평가에서 동기 62명 중 1등을 했다. 그리고 1년 만에 연봉이 1억 2,000만 원이 되었다. 전 세계 금융 보험 서비스 네트워크인 MDRT^Million Dollar Round Table 컨퍼런스에 참가하는 영예를 얻기도 했다.

어떤 일을 하든 중요한 것은 가슴 뛰는 사명 의식을 갖는 것이다. 뜨거운 사명 의식을 갖고 있는 사람은 불가능한 일도 가능하게 만든다. 우리나라에 최초의 종합 제철소를 만든 박태준 회장 또한 그렇다. 허허벌판인 광양만 일대에 제철소를 짓겠다는 그의 구상을 처음엔 모두

비웃었다. 그러나 그는 기적을 일구어냈다. 그는 그 원동력이 바로 사명 의식이었다고 말한다.

"저는 대학 시절에 기계공학도였고, 청년 시절에는 전쟁터의 장교였으며, 삼십대 중반쯤 국가 경영에 참여할 때까지 군에 몸을 담았고, 대한중석 사장을 거쳐 1968년 4월 종합 제철소 건설과 경영의 책임을 맡았습니다. 그때 포스코에는 자본과 자원, 기술과 경험이 없었습니다. 무의 상태였습니다. 그러나 우리 창업 동지들은 불굴의 도전 의지와 사명 의식을 불태웠습니다."

어떤 일을 하든 중요한 것은
가슴 뛰는 사명 의식을 갖는 것이다.
뜨거운 사명 의식을 갖고 있는 사람은
불가능한 일도 가능하게 만든다.

4
실패는 필수,
극복은 선택!

보험 영업자로 주가를 올리던 나는 미국 콜로라도 주 덴버에서 열린
MDRT 컨퍼런스 참가하게 되었다. 그곳에서 만난 북미, 유럽 등 선진
국에서 활동하는 종합재무설계사들을 통해 선진금융서비스에 관한
정보를 들었고, 이를 통해 종합재무설계사라는 직업에 관심을 가지게
되었고 결국 병원장 자산관리 전문회사인 골든와이즈닥터스컴퍼니
Golden Wise Doctors Company로 스카웃되었다. 영업자로 살아오던 내가 벤처
창업을 하게 된 건 이곳에서의 경험 덕분이었다.

하루는 모 병원장과의 면담이 끝난 후 차를 마시고 있었다. 누군가와
통화를 마친 원장의 표정이 좋지 않았다.

"이 팀장님, 이번에도 도와주세요."

무슨 말인지 직감했다. 병원에서는 직원들이 갑자기 일을 그만두는 일이 비일비재했다. 이번에도 나에게 좋은 직원을 소개해 달라는 것이었다.

"원장님은 VIP 고객이니까 최대한 빨리 직원을 연결해 드리겠습니다."

전국의 내로라하는 병·의원들이 몸살을 앓고 있는 문제가 바로 직원 이직 문제였다. 병·의원은 경력직원들이 오차 없이 맡은 바 소임을 착착 진행해야 하는 조직이다. 그런데 어제까지 아무런 문제없이 근무하던 간호사가 다음 날 자리를 비우게 되면, 만만치 않은 타격을 입게된다. 당장 해당 업무의 경력 직원을 구하는 것도 쉽지 않은데다가, 그 직원이 빠진 자리를 다른 직원들이 메우느라 전처럼 일이 매끄럽게 진행되지도 않는다. 그러니 병원으로서는 직원 한 명 한 명이 매우 소중한 존재가 아닐 수 없다.

그러나 내가 만나본 수많은 간호사, 치위생사들은 하나같이 볼멘소리를 했다.

"원장님이 우리를 머슴 부리는 듯 하는 게 못마땅해요. 말로는 한 가족이다, 비전을 공유한다고 하지만, 실제로는 달라도 너무 달라요. 원장님은 직원들과 소통을 하는 데도 서툴고, 일한 보람을 느낄 수 있게 제대로 대우를 해주지도 않아요."

이렇듯, 병·의원 직원들은 한곳에서 오래 만족하면서 근무하지 못하고 있는 것이 현실이다. 그러니 시도 때도 없이 다른 병원으로 이직을 하는 일이 발생하곤 하는 것이다. 이런 상황에서 아무리 내가 직원을 소개해준다 한들 밑 빠진 독에 물 붓기와 마찬가지였다. 내가 좋은 경력을 갖고 있는 직원을 이 병원에 소개해주더라도 1~2년을 못 버티고 그만둘 게 뻔해 보였다.

거기까지 생각이 미치자, 나는 결심하듯이 병원장에게 말했다.

"원장님, 벌써 제가 직원을 네 번 소개해 드린 것 같은데요, 사후약 방문식 처방 말고 근본적으로 직원이 이직을 하지 않게 하는 방안을 강구해야겠어요. 다음에 올 땐 제가 대책을 마련하겠습니다."

병원장의 표정은 기쁨 반 의구심 반이었다. 솔직히 그런 획기적인 방안이 나오는 것을 누가 반대하겠냐마는 과연 그런 게 있을 수 있을까 의심하는 것이다. 나는 득의만만한 얼굴로 두고 보라고 꼭 내가 그걸 만들어내겠다고 호언장담했다.

솔직히 내가 이렇게 병원장의 어려움을 해결하겠다고 나선 건 궁극적으로 내 본업을 위해서였다. 병원장을 대상으로 종합재무컨설팅을 하는 나는 금융 상품을 더 많이 팔기 위해 병원장의 가려운 곳을 긁어

주어야 한다. 다년간 병·의원 세일즈를 해본 결과 의사들에게는 공통된 꿈이 있었다. 그건 바로 자신의 이름을 건 병원을 개업하는 것이다. 성공 개원을 위해 의사들에게 필요한 것은 다음의 여섯 가지 정도이다.

1 입지, 상권 분석 컨설팅
2 홍보 마케팅 컨설팅
3 직원 선발 및 교육 컨설팅
4 자산 관리 컨설팅
5 부동산 컨설팅
6 리더십 컨설팅

나는 이 여섯 가지에 대한 솔루션을 제공하려고 노력한다. 처음부터 금융 상품을 들이대는 법은 없다. 대신 병원장에게 어려운 점이나 필요한 점에 대해 묻고 경청한다. 그러면 대부분 병원장은 여섯 가지 중 서너 개를 해결해주길 바란다. 그게 파악되면 나는 팀원들과 함께 해결책을 고민한다. 이렇게 자연스럽게 병원장과의 교류가 이어지면, 비로소 병원장은 나에게 마음의 문을 연다. 이후에는 마치 테니스 동호회에서 함께 땀을 흘린 동료처럼 격의 없는 사이가 된다.

이렇게 되면 내 본업인 금융 상품 세일즈는 순풍을 만난 돛단배처럼 흘러간다. 자연스럽게 종합재무설계에 대한 대화가 이어지게 되고, 결국 병원장은 내가 내민 계약서에 사인을 하게 된다. 그들은 전혀 부담감 없이 오히려 종합재무설계가 필요했었다며 내게 고마움을 표한다.

이렇듯 병원장에게 먼저 도움을 주는 게 결국 내 본업에 도움이 된다는 확고한 신념이 있었기 때문에, 병원장들이 가장 골머리를 앓고 있는 직원 문제는 나에게도 큰 숙제였다. 그러나 내가 근무하던 회사에서도 이에 대한 근본적인 해결책을 내놓지 못했다. 아무리 좋은 인재 풀을 가지고 있다고 해도 그것은 임시방편에 불과했다. 보다 근원적인 대책이 필요했다.

이 문제를 해결하기 위해 서초동에 있는 S전자 사옥 지하 1층에 대형 컨퍼런스룸에서 치위생사 200여 명과 네 명의 대학교수를 초청하여 세미나를 개최한 일이 있었다. 세미나가 끝날 때 쯤 이직의 이유를 묻는 설문 조사를 실시했다. 설문 조사 결과를 바탕으로 이직의 원인을 파악한 결과 세 가지 문제가 도출되었다. 첫 번째는 짐작대로 소통의 부재였다. 병·의원의 경우 특히 직원과의 수평적인 의사소통이 잘 이루어지 못했다. 두 번째는 노동의 강도에 비해 낮은 급여였다. 세 번째는 보잘것없는 처우와 복지였다.

이 문제를 해결하려고 6개월 동안 연구했다. 삼성경제연구소, LG경제연구소, 근로복지공단, 고용노동부, 각종 논문 등에서 찾을 수 있는 모든 자료를 찾아 조사하고 연구했다. 결론이 어렵지 않게 나왔다. 이미 삼성이나 LG 같은 대기업과 글로벌 기업 등에서는 그 중요성을 인식하고 이미 잘 시행해오고 있는 것이었다. 답은 바로 '복지'였다.

'복지는 사람의 척추와 같아. 대기업에서 복지는 기업 문화로 자리

잡은 지 오래됐어. 복지 없는 병·의원은 척추 없는 골격이나 다름없어. 척추가 없으면 두 발로 서지 못하고 쓰러지듯이, 직원들이 안정적으로 근속하지 않고 시도 때도 없이 빠져나가게 되면 병원 경영이 비틀거릴 수밖에 없지. 복지 솔루션을 만들자.'

대책은 이직 원인 세 가지를 해결하는 것이었다. 첫 번째 쌍방향으로 정서적 소통이 가능하게 하고 두 번째 재무컨설팅과 교육 등으로 실질소득을 높이는 방안을 마련해주고 세 번째 복지를 높여주는 것이었다. 이를 한방에 해결할 수 있는 신개념 프로그램이 필요했다.

나는 이런 신개념 복지 프로그램에 대한 열정 하나만으로 IT 벤처를 창업하기에 이르렀다. 적은 비용으로 복지 혜택을 최대한 누릴 수 있는 복지 프로그램을 제공하여 직원 이직 문제를 해결할 수 있도록 도와주는 비즈니스를 시작한 것이다. 내가 아는 한 병·의원을 대상으로 한 복지 프로그램은 대한민국 최초였다. 2008년 10월, 나는 종합재무설계사의 커리어를 접었다.

영업자로 성공가도를 달리던 나였기에 실패는 꿈에도 생각하지 못했다. 시장에 대한 분석과 그 타당성 조사에 기초한 논리적 근거를 바탕으로 성공을 확신했다. 그러나 이론과 현실 사이의 벽이 너무나 높았다. 금융 기업체에 몸담고 해당 매뉴얼에 따라 금융 상품을 팔 때는 최고의 성과를 냈던 나였지만, 내 손으로 창업한 회사를 성공적으로 이끌어가기는 참으로 힘들었다. 모든 게 예측 불허였다.

결국, 첫 번째 병·의원 복지 프로그램 기반 비즈니스(V1.0 CWS)는 처참하게 실패했다. 실패는 그것이 끝이 아니었다. 앞선 프로그램을 보완한 V2.0 TEAP^{Total Employee Assistance Program}, 고객 관리 상품으로 내세운 V3.0 HCS^{Happiness Coordinating System}가 모두 시장의 외면을 받았다.

<u>빈틸터리로 다시 아버지 묘소를 찾은 나는 면목이 없었다.</u> 모든 가족의 응원과 희망을 안고, 시작한 사업에서 번번이 실패하는 모습을 가족에게 보여주는 것은 죽기보다 더 싫은 일이었다. 그러나 내 아버지는 한 번 더 해보라는 실낱같은 희망의 메시지를 주셨다. 이후, 심기일전해 기존 프로그램을 수정·보완하고 시장의 니즈에 부합하도록 만든 게 지금의 버전 4.0인 'e복지'와 'e비서'이다.

문제는 자본이었는데, 지인의 소개로 투자자를 만나는 행운을 얻었다. 천억 대 자산을 보유한 그분은 벤처 투자계의 큰손이다. 벤처 광풍이 불던 90년대에, 그분은 세 번의 벤처 투자로 막대한 수익을 거두었다. 그분은 나의 용기 있는 창업정신과 함께 한국 최초의 고객 관리 솔루션 비즈니스의 전망을 믿어주었다. 그분은 나의 실패와 시행착오를 알면서도, 선뜻 후원자를 자처했다. 그분의 도움으로 가까스로 파산의 위기를 넘겼고, 현재 'e복지'과 'e비서'는 13만 여명의 위탁 고객을 확보해 순항하고 있다.

벤처의 성지인 실리콘밸리에서는 실패를 필수 덕목으로 여기고 독려한다고 한다. 실패를 하지 않으면 배우는 게 없으며 실패를 하지 않았다는 것은 선구적인 시도를 하지 않았다는 뜻이다. 이곳에서는 빨리 실패해야 성공적인 벤처로 발돋움할 수 있다고 말한다.

지난 8여 년간 숱한 실패의 가시덤불을 헤치고 난 끝에 지금의 내가 있다. 성실하게, 용기 있게 도전하면서 겪은 실패가 현재의 나를 만든 밑거름이 된 것이라 확신한다.

벤처의 성지인 실리콘밸리에서는
실패를 필수 덕목으로 여기고 독려한다고 한다.
실패를 하지 않으면 배우는 게 없으며
실패를 하지 않았다는 것은
선구적인 시도를 하지 않았다는 뜻이다.
이곳에서는 빨리 실패해야
성공적인 벤처로 발돋움할 수 있다고 말한다.

2장

마음이
통하는
진심 영업이
답이다

1
최고 리더는
영업맨 출신

푸르덴셜 생명에서 영업 교육을 받은 후 가장 먼저 영업을 시작한 고객은 가까운 친인척과 선후배였다. 가족 사랑, 인간 사랑의 가슴 뛰는 사명 의식을 갖고 제일 먼저 만났던 이들이 지인들이었던 것이다. 반드시 그들에게 꼭 필요한 소중한 보장을 전달하겠다고 거울 앞에서 서서 몇 번씩이나 다짐했다. 거울 속의 얼굴은 언제나처럼 활기가 넘쳤다.

그러나 슬그머니 조바심이 생기는 건 어쩔 수 없었다. 이제부터 혈혈단신으로 영업 전선에 뛰어들어야 했다. 명함을 꺼내 자세히 보았다. 내 이름 옆에는 LP^{Life Planner}라는 직함이 적혀 있었다. 다른 보험사와 달리 푸르덴셜은 고객의 삶에 대한 안정과 행복에 초점이 맞추어져 있었기에 특별히 라이프 플래너라는 명칭을 사용하였다.

하지만 실상 내 일은 주변에서 흔히 들어왔던 보험 아줌마(물론 이 또한 편견이다. 지금의 보험 산업은 그분들이 일궈낸 것이나 진배없다)의 일과 대동소이했다. 때문에 지금부터 그 곱지 않은 시선을 잘 견뎌내야 했다. 마음속에서는 남다른 자부심과 사명 의식이 자리 잡고 있었지만, 지인들이 나의 변화를 어떻게 받아들일지는 알 수 없는 일이었다.

춘천에 계신 어머니와 미리 약속을 잡고 찾아뵈었다. 저녁 시간이라서 퇴근한 여동생 둘도 함께 있었다. 어머니와 여동생들에게 명함을 돌렸다. 표정이 좋지 않던 첫째 동생이 명함을 보고 한마디 했다.

"라이프 플래너라, 직함 하나는 멋있네요, 오빠"

어머니와 둘째 여동생이 서로 눈치를 보더니, 어머니가 내 어깨를 토닥이면서 격려해주었다.

"열심히 해보거라. 너는 한번 결심한 건 무슨 일이든 해내는 성미니 잘할 거야."

말은 그렇게 해도 썩 밝은 표정이 아니었다. 내가 잘 해내겠다고 담담하게 말하자, 둘째 여동생이 참았던 말을 뱉었다.

"오빠, 정말 잘해야 해. 오늘 보험 하나는 들어줄게. 근데 내가 친구들에게 오빠 자랑 엄청 하고 다녀서 차마 보험 영업한다는 소리는 못하겠어. 이 담에 오빠가 성공하면, 그때 친구들에게 자랑할게."

코끝이 찡해졌다. 나는 여동생의 손을 잡고 말했다.

"오빠를 믿어줘서 고맙다. 아직 사람들의 인식이 안 좋아서 그렇지 이 분야가 굉장히 전망이 좋아. 그래서 내로라하는 전문직 종사들도 라이프 플래너 일에서 새로운 비전과 성공을 준비하고 있어. 여유 있는 그들이 이 일을 하는 건 그만큼 높은 소득을 얻을 수 있기 때문이야. 거기다 자기가 하는 일의 연장선상에서 고객 삶의 질을 높여주기 때문이지. 난 앞으로 가정의 행복을 지키는 메신저 역할과 1억 연봉 달성이라는 두 마리 토끼를 반드시 잡을 거야."

가족들의 보험 계약을 마친 후 다음 고객은 가까운 후배였다. 자주 통화하고, 1년에 몇 차례 만나는 선배도 있었지만 부담감 때문에 후배를 먼저 선택했다. 내가 인생 상담을 많이 해주었기에 나를 존경한다던 대학교 후배였다. 그나마 그 후배가 새로운 직업에 도전한 나를 잘 이해해주고 배려해줄 것으로 기대했다.

특별한 용무를 말하지 않고, 그냥 얼굴 한번 보자고 통화를 하고 만났다. 그는 내가 보험 영업을 시작했다는 사실을 까맣게 모르고 있었다. 나는 평소와 다름없이 그에게 그간의 안부를 물었다. 그도 내가 요즘 어떻게 지냈는지 궁금해 했다. 내가 명함을 꺼내 그에게 주면서 말했다.

"나는 푸르델션 생명 라이프 플래너를 하고 있어."

후배가 명함을 보더니 당황한 기색을 감추지 못했다. 조금 전의 공손한 태도가 사라진 후배가 말했다

"선배, 보험 영업하려고 만나자고 한 건가요? 선배 정말 변해도 너무 변한 거 아닙니까? 선배와 저 이런 사이가 아니잖아요. 저를 보험 영업 고객으로 보다니 기분이 좋지 않습니다."

가슴이 뜨끔했다.

"너무 앞서가지 마라. 내가 보험 하나 팔아보려는 욕심으로 보자고 한 건 아니야."

후배가 끼어들었다.

"솔직히 이 자리 불편합니다. 선배가 아무리 좋은 얘기를 하셔도 결론은 보험을 들라는 얘기잖아요. 저는 보험에 들 계획이 전혀 없으니, 그만하셨으면 좋겠습니다."

전혀 예기치 못한 일이었다. 그의 얼굴이 붉어질 대로 붉어졌기에 나는 당황스러웠다. 나는 떨리는 호흡을 가라앉히면서 회사에서 배운 매

뉴얼대로 침착하게 대화를 이어나갔다.

"난, 사명감으로 이 일을 택했어. 너도 우리 아버지 이야기 알지? 그 때문에 내가 이 일을 천직으로 느끼고 시작하게 된 거야. 나는 네가 혹여 사망하거나, 큰 상해를 입었을 때를 대비해 도움을 주기 위한 것뿐이야. 그동안 내가 선배로서 네게 도움이 된다 싶은 정보와 지식을 종종 전해준 것처럼 말이야. 그러니 부담 갖지 말고 편하게 너를 아끼는 선배의 얘기를 들어주면 어떻겠니? 계약에 대한 압박감은 훌훌 털어버리자고."

너무나 자연스럽거나 능숙했던 탓일까? 오히려 역효과가 났다.

"이제 보험 영업맨이 다 되셨구려. 선배 앞에선 내가 후배로 보이지 않고 숱한 고객 중 하나로밖에 안 보이는 모양이죠?"

대화가 진전될 기미가 보이지 않았다. 후배의 얼굴에서는 조금씩 나를 비아냥거리는 듯한 표정이 나타났다. 나는 선배로서 후배와 함께 자리를 하고 있다는 점을 추호도 양보하고 싶지 않았다. 묘안을 생각해 냈다.

"좋아"

하고 소리를 치고 나서 후배 앞에 있는 명함을 들었다. 그러곤 갈기 갈기 찢어버렸다.

"자, 적어도 지금부터 난 더 이상 너에게 보험설계사가 아니다. 너를 아끼는 선배로서 조언할 테니 내 얘기를 귀담아 들어줄 수 있지?"

후배가 깜짝 놀란 표정을 지었다. 그러곤 내 눈을 바라보며 슬며시 미소를 지었다. 내 진정성을 확인하고 마음이 편해진 모양이었다. 그러고 나서 홀가분한 마음으로 상담을 진행했다. 그날 솔직히 제일 친했던 그 후배가 계약을 해주길 바랐지만 그것까지는 지나친 바람이었다. 후배는 내 얘기를 다 듣고 나서, 보험의 필요성을 새삼 알게 되었다는 말로 고마움을 표시했다. 지금도 이 후배와는 좋은 관계를 유지하면서 종종 만나고 있다.

'영업맨은 을이다'라고 생각하는 사람들을 종종 본다. 나는 남다른 사명 의식과 최선을 다한 만큼 보상을 받는다는 비전을 가지고 보험 세일즈를 선택했다. 부정적인 이미지와는 달리 보험설계사의 직업 만족도가 꽤 높다. 전체 직업 700개 가운데 초등학교 교장(1위), 학예사(6위), 교수(7위), 세무사(18위), 판사(22위), 번역가(27위) 등의 뒤를 이어 보험설계사의 직업 만족도는 38위다(출처 : 2014년 한국 직업 정보 시스템 재직자 조사 기초 분석 보고서). 그 수 만 가지의 많고 많은 직업을 다 제치고 무려 38위에 오른 보험설계사에 대한 인식의 전환이 필요하지 않을까? 요즘 전문직 종사자와 대졸 청춘들도 많은 관심을 가지고 있는 직종이 바로 세일즈이다. 그래서 중소기업은 물론 대기업에서도 세일즈를 중요 직무로 여기고 각별히 신경을 쓰고 영업맨 출신이 최고 경영자가 되는 경우도 비일비재하다.

전 세계에서 가장 큰 글로벌 커피 프랜차이즈인 스타벅스를 일군 하워드 슐츠는 말단 영업 사원 출신이다. 뉴욕 빈민가 출신인 그가 대학을 졸업하고 나서 한 일은 워드프로세서를 파는 것이었다. 그는 영업왕으로 명성을 날렸다. 그는 자신의 세일즈 경력에 가정용품을 파는 스웨덴 회사 퍼스토프를 추가했고, 이곳에서도 좋은 성과를 거두었다. 하지만 그의 천부적인 세일즈 재능은 그를 가만히 머물게 놔두지 않았다.

이후 그는 원두커피를 파는 스타벅스의 사업성을 내다보고, 이 회사의 마케팅 이사가 된다. 얼마 뒤 그는 이탈리아 여행에서 커피바의 인기를 체감하고 스타벅스에 커피 음료를 팔자고 제안하지만 받아들여지지 않았다. 그때만 하더라도 커피는 집에서 만들어 마시는 것이라는 인식이 팽배했다. 하지만 슐츠는 달랐다.

'패스트푸드점이 늘어나는 것처럼 커피 또한 간편하게 마실 수 있는 체인점이 뜰 게 확실해.'

그의 예측은 적중했다. 그가 따로 만든 커피 체인점은 몇 년 후 스타벅스 체인점을 인수했고, 이와 함께 매장 브랜드를 스타벅스로 바꾸어 현재에 이르렀다.

웅진 그룹의 윤석금 회장 이야기도 빼놓을 수 없다. 웅진 그룹을 일구는 데 크게 기여한 그의 역량은 단연 세일즈다. 30여 년 전, 그는 브리태니커 사전을 파는 말단 영업 사원으로 사회생활을 시작했다. 그는 1년 만에 전 세계 54개국 브리태니커 영업자 가운데 최고의 실적을 거두었다고 한다. 당시 27만원이었던 사전을 하루에 하나 꼴로 팔아치운 그에게 영업의 신이라는 호칭을 부여되었다. 그는 말한다.

"누구도 팔리지 않을 것이라고 했던 브리태니커 사전을 판매하면서 배운 것은 처음부터 안 된다고 생각해서는 아무것도 팔 수 없다는 간단한 진리입니다. 기본적으로 물건을 사는 사람과 파는 사람은 동등하기 때문에 상대방의 입장에서 물건을 팔아야 합니다."

이런 세일즈 정신으로 무장했기에, 직원 일곱 명의 자그만 웅진 출판사를 열다섯 개 계열사에 매출 6조원대의 대기업으로 성장시킬 수 있었다. 그의 탁월한 세일즈 재능은 IMF 때 정수기를 렌트하는 새로운 비즈니스를 창출하는 발상을 낳기도 했다.

밑바닥에서 맨몸으로 체득한 세일즈 능력은 그 어디에서도 배울 수 없는 값진 자산이다. 하워드 슐츠와 윤석금에게 영업 사원 시절이 없었다면, 지금의 그들도 없었을 것이다. 때문에 나는 보험 세일즈가 나를 성장시킬 것이라고 굳게 믿고 노력하였다. 욕심을 버리고, 배운다는 자세로 한 사람 한 사람 진심을 가지고 상담을 해나갔다. 미래의 어느 순간, 한 기업의 CEO가 되어 있을 나를 떠올리며 말이다.

"누구도 팔리지 않을 것이라고 했던
브리태니커 사전을 판매하면서 배운 것은
처음부터 안 된다고 생각해서는
아무것도 팔 수 없다는 간단한 진리입니다.
기본적으로 물건을 사는 사람과 파는 사람은 동등하기 때문에
상대방의 입장에서 물건을 팔아야 합니다."

2
나만의 스토리로
세일즈하라

내가 보험 영업을 한다는 사실을 알게 된 지인들이 하나둘 선뜻 계약을 해주었다. 다행이었다. 그러나 남모를 고충이 없었던 것은 아니다. 입사 교육을 받을 때의 하늘을 찌를 듯한 자신감이 차츰 수그러들었다. 하루에도 수십 번씩 의기소침해지려 하는 내 자신을 발견하곤 매번 다그쳤다.

'야, 이현호 끝장을 내봐야하지 않겠어? 혼자만의 생각에 갇혀 있지 말고 밖에서 사람들과 부딪혀보자고. 그러다보면 내 탁월한 영업 수완이 발휘될 거야.'

옛 직장 동료, 대학 동기와 친구들과 후배들이 내게 선의를 베풀기 시작했다. 불과 몇 주 만에 28명의 지인이 내 고객이 되어주었다. 나는 인간관계가 얼마나 소중한지를 몸소 체험했다. 28명의 고객은 곧 내가 가진 금맥이나 다름없었다.

상담을 할 때면, 옛 동료들이 이구동성으로 말했다.

"자네에게 이 일이 딱 맞는 것 같아. 자네 얼굴이 훤해. 이 일이 다른 일보다 보람이 있어서 그런가?"

함께 발로 뛰면서 세일즈를 하던 동료들은 특히 돈독했다. 동료들은 모두 나의 가족사에 대해 잘 알고 있었다. 그래서 내가 종신보험 상품을 내밀었을 때, 그들의 머릿속에서 저절로 불의의 사고로 돌아가신 내 아버지 이야기가 슬라이드처럼 펼쳐졌을 것이다. 그러면 몇몇 동료는 눈물을 훔치기도 했다.

이들과 상담할 때 상담 매뉴얼은 거의 무용지물이나 마찬가지였다. 그들에겐 슬픈 가족사를 가진 내가 옆에 있는 것만으로 충분히 이해되고, 설득이 되고도 남았다. 이런 게 바로 스토리의 힘이 아닌가 싶다. 전혀 과장되지 않고 작위적이지 않고 또 소박하다 못해 빈약해 보이는 듯해도 삶에서 우러나온 잔잔한 스토리의 호소력은 매우 강하다.

부천 역곡에서 보험 영업을 할 때였다. 지인에게서 소개받은 병원 간호사가 자신의 오빠를 소개해주었다. 보험 영업은 지인에서 시작해, 지인에게서 소개받은 인맥으로 가고 거기서 또 가지를 친 새로운 인맥으로 가면서 대다수 계약률이 바닥을 친다고 한다. 그 단계로 가면 웬만한 실력으로는 보험 영업을 하기 쉽지 않다는 말이다. 그래서 이번에 소개받은 고객은 나에겐 반드시 뚫고 가야할 과제나 다름없었다. 그분과 계약을 하지 못하면 내가 이 바닥에서 생존할 확률이 희박하게 되기 때문이다. 마음을 다잡고 그에게 전화를 했다.

삼성계열사에서 근무하고 있는 그분은 전화를 받자마자 퉁명스러운 반응을 보였다. 자신은 보험설계사를 안 좋게 보고 있을 뿐더러 자기네 회사에서 모든 걸 다 해준다는 것이다. 그러면서, 여동생도 그걸 잘 알고 있는데 어떻게 자신에게 보험설계사를 소개했는지 의아하다고 했다. 여동생이 꼭 한번 만나보라고 해서 전화를 받게 되었는데, 대체 어떤 사람인지 얼굴이나 보자고 했다.

약속을 잡고, 그분의 자택을 방문했다. 신혼집 분위기가 물씬 나는 아파트였다. 방긋 웃는 갓난아기를 안고 그분의 아내가 나를 맞이하면서, 딸기와 차를 내왔다. 잠깐 대화를 하고 나자 그분이 돌아왔다. 통화했을 때와는 달리 상당히 친절한 분이었다. 그분은 삼십대 중반이었다.

"여동생이 말하던 분이시군요. 내가 다른 보험설계사 같으면 집에 불러들이지 않지만 댁에게는 기회를 드릴게요."

멍석이 깔렸고, 내가 나설 차례였다. 그날은 영업자와 고객의 관계를 떠나 홀가분하게 인간 대 인간으로 이야기를 나누기로 했다. 사전에 그분이 근무하는 회사와 업무에 대해 숙지한 상태였다.

"한국 경제는 삼성이 이끌어간다고 해도 과언이 아니죠. 선생님은 회사에 대한 자부심이 남다를 거라 봅니다. 하지만 일에 대한 보람 못지않게 일에 대한 중압감도 적지 않을 거라고 생각해요. 글로벌 시장을 무대로 매해 새로운 제품을 내놓는 게 결코 쉽지 않을 거예요. 업무 강도가 엄청날 것 같은데요."

그분도 동의가 되었는지, 한숨을 내쉬며 말했다.

"제 시간에 퇴근한지 오래됐죠. 지금은 전략 상품을 개발하느라 눈 코 뜰 새 없습니다."
"그러시면 운동도 못하시겠네요. 건강관리는 따로 하세요?"
"헬스 회원권 끊어놨는데 시간이 없어서 잘 가지 못해요. 아내가 챙겨주는 보약으로 체력을 유지하고 있어요."

이때다 싶어 준비했던 말을 했다.

"요즘 직장인 과로사가 많다고 하잖아요? 선생님은 과로사가 주로 어느 연령대에서 많이 일어나는지 아세요?"
"그야, 50~60대겠죠."
"그렇지 않습니다. 30~40대 과로사가 제일 많습니다. 그것도 특히 화이트칼라 직군에서요."

그분이 의외라는 듯 놀라는 표정이었다.

"30~40대 직장인의 건강에 적색등이 커져 있습니다. 선생님도 가족을 책임진 가장으로서 신경 써서 건강관리를 잘하셔야합니다. 그리고 언제 어디에서 사고로 숨지게 될지 모르기 때문에 미리 가족을 위해 대비해두는 게 좋지 않겠습니까? 살아남은 부인과 자식들의 행복을 위해서 말이죠. 바로 이점 때문에 종신보험이 필요한 거예요. 제가 왜 종신보험 영업을 하게 되었는지를 말씀드려도 될까요?"

친구에게 들려주듯이, 편하게 사고사로 돌아가신 아버지와 풍비박산된 집안 이야기를 들려주었다. 내 이야기를 하자, 그분이 관심 있게 들어주었다. 그러곤 아내가 안고 있는 아기를 물끄러미 바라보았다. 내 이야기가 다 끝나자 그분이 말했다.

"선생님에게는 이 일을 해야 하는 뚜렷한 이유가 있군요. 선생님의 솔직한 이야기를 듣고 보니, 종신보험에 대해 다시 생각하게 되네요. 저에게도 소중한 아내와 딸이 있잖습니까?"

공감대가 형성되었다. 짧은 시간임에도 불구하고, 진솔한 이야기가 촉매가 되어 그분과 나 사이의 벽이 허물어져 버렸다. 더 이상의 말은

군더더기에 지나지 않았다. 눈빛과 들리지 않는 호흡 소리만으로도 우리는 서로 통하고 있었다. 그분은 보험설계사에 대한 선입견을 훌훌 벗어버리고 나에게 인간적인 호감을 가지게 되었다. 이날은 이것만으로 성공했다고 생각했다.

상담 후 그분에게 자필 편지를 보냈더니, 그분이 오랜만에 손 편지를 받았다며 좋아했다. 손 편지에도 진솔한 이야기를 적었다. 그분이 자청해서 한 번 보자고 해서 약속을 잡았다. 약속한 날 그의 아파트에 갔더니, 보험 증권 여러 개를 보여주었다. 이 많은 것에 들어가는 돈도 만만찮고 하나하나 신경 쓰기도 골머리 아프다는 것이다. 그분은 보험 증권을 전부 보여준 것은 이번이 처음이라면서 나처럼 사명감 있는 분이라면 믿고 맡길 수 있겠다고 했다. 그러곤 정리를 부탁했다. 나는 앉은 자리에서 능숙하게 보험 증권을 정리했다. 반드시 필요한 것을 놔두고, 중복이 되거나 불필요한 것, 필요 이상으로 지출이 많은 것을 하나하나 정리했다. 정리를 끝내고 계산을 해보니 무려 3분의 1의 비용이 절감되었다. 그분의 입에서 고맙다는 말이 나왔다. 그날, 그분은 대로까지 걸어 나와 나에게 택시비를 주었다.

두 번째 손 편지를 보내자 기회가 왔다. 그분이 자기 회사로 와서 팀원들에게 강의를 해 달라고 했는데, 그 자리에서만 7명이 계약을 했다. 이날 나는 이런 말을 전했다.

"고객에게 사고가 나면 제일 먼저 가족이 달려갑니다. 저는 가족 다음으로 그 자리에 달려갈 것입니다. 제 고객은 반드시 제가 책임을 지겠습니다. 이것이 34만 명의 보험설계사 중에서 가장 앞선 나의 경쟁력입니다."

10여 년 전에 유튜브를 통해 전 세계적으로 화제가 된 인물이 있다. 오페라 가수 폴 포츠다. 그는 어떻게 전 세계인의 이목을 사로잡았던 걸까? 여기에도 스토리의 힘이 작용했다. 스펙 좋고 인물 좋은 출연자가 노래를 잘한다는 건 식상한 스토리다. 그런데 폴 포츠에겐 그만의 드라마틱한 스토리가 있었다. 가난하고 못생긴 한 청년이 오페라 가수를 꿈꾸었지만 갑상선 종양 수술로 가수의 길을 포기한다. 엎친 데 덮친 격으로 교통사고를 당한 그는 휴대폰 판매를 하며 근근이 살아간다. 이런 그가 무대 위에 오르자, 다들 시큰둥한 반응을 보인다. 이윽고 그의 입에서 푸치니의 오페라 〈투란도트〉의 아리아 '공주는 잠 못 이루고'가 청아하게 울려 퍼진다. 이내 관객들은 기립해서 박수를 보낸다. 이처럼 그만의 스토리가 있었기에, 그의 동영상이 전 세계적인 화제가 된 것이다.

라이프 플래너, 종합재무설계사를 하면서 종종 듣게 되는 고객의 불평이 있다.

"그 회사의 라이프 플래너 세 명에게 상담을 받아보았는데, 어쩜 그리 다들 똑같은 소리만 합니까? 다들 자판기에서 나오는 것처럼 똑같은 레퍼토리에요. 사람으로 느껴지지 않아요."

이는 세일즈 교본에 나와 있는 기술만 익힌 결과이다. 물론, 세일즈를 위해 교본을 숙지하고 또 전달하는 노력이 필요하지만 그것에만 안주해서는 경쟁력을 갖기 힘들다. 교본을 참고하되, 나만의 화법으로 승화시켜 차별화된 스토리로 무장해야 한다. 누군가의 화법을 모방하거나 정해진 매뉴얼을 반복하면 진심어린 소통을 이끌어내기 힘들다. 나만의 진솔한 스토리가 있어야 비로소 고객의 마음을 움직일 수 있다.

이들과 상담할 때 상담 매뉴얼은
거의 무용지물이나 마찬가지였다.
그들에겐 슬픈 가족사를 가진 내가 옆에 있는 것만으로
충분히 이해되고, 설득이 되고도 남았다.
이런 게 바로 스토리의 힘이 아닌가 싶다.
전혀 과장되지 않고 작위적이지 않고
또 소박하다 못해 빈약해 보이는 듯해도
삶에서 우러나온 잔잔한 스토리의 호소력은 매우 강하다.

3
간절함이 고객의 마음을
끌어당긴다

페르시아에 곱사등이로 태어난 한 왕자가 있었다. 그의 열두 번째 생일날 그의 아버지인 왕이 그에게 선물로 무엇을 갖고 싶은지 물었다. 왕자는 단호하게 말했다.

"제 동상을 갖고 싶어요."

왕은 그가 곱사등이기 때문에 그의 동상이 만들어지는 걸 달가워하지 않았다. 왕이 다른 선물을 택하는 게 어떻겠느냐고 물었지만 그는 요지부동이었다.

"저는 지금의 제 모습이 아니라 똑바로 서 있는 모습을 한 동상을 갖고 싶어요."

왕은 그를 안타까운 표정으로 바라보았다. 그가 뜻을 굽히지 않고 말했다.

"제 동상을 창밖 정원에 세워서 매일같이 바라보고 싶어요."

그의 청이 너무나 간절했기에 왕은 들어줄 수밖에 없었다. 얼마 후, 정원에는 허리가 꼿꼿하게 펴진 왕자의 동상이 세워졌다. 왕자는 매일같이 동상을 바라보면서 간절하게 자신이 동상처럼 허리를 펴지기를 바랐다. 이와 함께 허리를 조금씩 펴고 또 펴는 재활 운동을 땀범벅이 될 정도로 했다.

9년이 흘러 스물한 번째 생일날이 돌아왔다. 놀랍게도 그는 동상과 똑같이 허리를 편 당당한 모습의 왕자가 되어 있었다.

세계적인 보험왕 폴 마이어가 전해주는 이야기이다. 실제로 그는 이러한 간절한 꿈꾸기를 통해 27세에 백만장자가 되었다. 사람들이 그에게 성공 비결에 대해 묻자, 그는 생생한 상상과 믿음 그리고 실천과 간절함을 강조했다.

"당신이 마음속에 그린 것을 생생하게 상상하고 간절히 바라며 깊이 믿고 열의를 다해 행동하면 그것이 무슨 일이든 반드시 현실로 이루어진다."

영업을 하는 주중에 매일 '아침 주문'을 작성한다. 요즘 누구나 아침에 눈을 뜨면 스마트폰을 들고 그새 전화나 문자가 오지 않았는지 확인하고, SNS를 열어보기도 한다. 나 또한 마찬가지인데, 여기에 하나를 추가한다. '아침 주문'을 작성하는 일이다. 이른 아침에 카카오톡이나 메모 앱에 그날그날의 일일 표어를 적고 마음을 다잡고 있다. 가령, 이런 식이다.

"난 내가 가야할 길을 알고, 그 길로 정진할 것이다."
"일을 하자! 하는 척하지 말고!"
"첫째도 활동량, 둘째도 활동량!"
"진심은 통한다고 믿으며 기다리지 말고, 고객이 느낄 수 있게 하자!"

이렇게 한 줄 적고 나서 그 밑에 간단한 단상을 적는다. 예를 들면 이런 식이다.

진심은 통한다고 믿으며 기다리지 말고, 고객이 느낄 수 있게 하자!

용광로처럼 뜨겁던 연인의 감정도 한 순간에 식어버리고, 검은 머리 파뿌리 될 때까지 함께하자 맹세했던 부부도 저마다의 이유로 갈라선다. 하물며, 몇 그램 안 되는 종이 몇 장으로 계약관계를 맺은 고객과의 관계는 얼마나 느슨할까?

우린 고객들에게 너무 큰 걸 바라는 게 아닐까? 비록 내가 연락을 자주 못해도 바쁜 나를 이해해주겠지 하는 생각을 갖는 게 아닐까? 처음 계약했을 때의 믿음이 계속 변함없기를 바란다면, 이건 너무 지나친 욕심이다. 연인이나 부부관계에서도 사랑과 관심을 끊임없이 표현하면서 친밀한 관계를 유지하는 것처럼, 고객과의 관계도 적극성을 가져야 진심이 전달된다.

오늘은 고객들에게 진심을 전달할 수 있는 구체적인 액션을 취할 것이다. 나와 고객의 관계 온도가 낮아지지 않도록 말이다.

이렇게 글을 쓰는 시간은 그날 영업의 성패를 좌지우지할 정도로 중요하다. 마치 기도하는 것처럼 오늘 반드시 이루고 싶은 목표를 간절한 마음으로 한 글자 한 글자 적으면서 음미한다. 그러면 그날의 꿈이 생생하게 피부에 와 닿는 것처럼 느껴지고, 또 그래서 목표 달성이 잘 된다. 아무리 바빠도 이 시간은 꼭 확보한다. 아침 주문은 내가 품은 소망과 목표를 간절함이라는 촉매에 의해 수천 배, 수만 배의 폭발력으로 증폭시켜주는 원자와 같다.

이와 함께 상담 직전에 간절함을 담은 7초 기도를 해오고 있다. 7초 기도는 모 선배 재무 설계사에게서 배운 것이다. 수 년 전에 함께 영업을 하던 선배에게서 이상한 습관을 발견했다. 그는 상담하기로 약속된 병원 앞에서 잠깐 두 손을 모으고 눈을 감았다. 이 행동이 여러 번 반복되자, 속으로 신앙심 깊은 신자라고 생각했다. 그런데 알고보니 종교적인 신자로서 기도를 하는 게 아니었다.

한번은 모 병원 앞에서 기도를 끝낸 선배에게 기도 내용에 대해 묻자 담담하게 대답했다.

"난 오늘 미팅을 위해 최선을 다해서 준비를 했어. 그만큼 내 잠재의식에 계약에 대한 욕심이 상당히 커. 그런데 그 욕심 때문에 일을 그르치는 경우가 많아. 그래서 나는 기도를 했어. 병원장님이 내주신 소중한 시간에 내가 가진 모든 역량을 다해 상담에 임하게 해 달라고 또한 비록 병원장님이 날 거부하더라도 겸허히 받아들일 수 있게 도와 달라고 했어."

어쩌면 평범한 기도처럼 보일지 모르지만 그 위력은 대단했다. 병원장들 사이에 선배의 인기는 남달랐고, 높은 계약률을 달성했다. 계약 달성에 대한 집착을 버리고 간절하게 자신의 역량을 다 펼칠 수 있게 해 달라고 소망했기 때문이 아닐까? 이러한 간절한 7초 기도는 나의 세일즈에도 날개를 달아주고 있다.

매번 체감하는 것이지만, 간절한 7초 기도를 하고 나면 이상하게 편안한 느낌이 든다. 이런 상태로 고객과 상담을 하게 되면, 전혀 과장되거나 부담을 주는 말을 하지 않게 된다. 내 목소리의 톤과 눈빛 또한 차분하기 때문에 상담을 받는 고객의 호응도와 몰입도가 매우 높다. 상대방과 세상 돌아가는 이야기, 병원 경영 이야기, 가족 이야기 등을 두런두런 나눌 뿐이다. 하지만, 어느새 나와 고객의 마음이 이어지면서 고객의 마음은 재무 설계 계약으로 끌어당겨진다.

세계적인 일본의 기업가이자, 살아 있는 경영의 신으로 추앙받는 이나모리 가즈오. 그는 영세 기업을 세계적인 기업으로 탈바꿈시키고 파산 직전의 일본항공JAL을 3년 만에 회생시켰다. 그는 성공의 비결을 간절함에서 찾는다.

"간절히 바라면 반드시 이루어진다. '어떻게 해서라도 그렇게 되고 싶다'고 간절하게 바라면 그 생각이 반드시 사람의 행동으로 나타나고, 행동은 생각을 간절하게 한다. 하지만 그 간절함은 분명하지 않으면 안 된다. 막연한 간절함이 아니라 '반드시 그렇게 하고 싶다.', '그렇게 되지 않으면 안 된다'라는 의지와 다짐이 분명한 간절함, 그런 꿈이 아니면 안 된다."

그에 따르면 침식을 잊을 정도로 간절하게 매달리면, 잠재의식에 바라는 꿈이 아로새겨진다고 한다. 일단 꿈이 잠재의식에 파고들면 생각지도 못한 아이디어와 결단이 생긴다고 한다. 궁극적으로 간절함이 강하면 강할수록 목표를 잘 성취할 수 있게 된다는 것이다.

맨손으로 시작해 1조원대의 KG그룹을 일군 곽재선 회장도 마찬가지다. 그는 수차례의 실패 끝에 오늘의 성공을 거두게 된 힘의 원천을

'간절함'에서 찾는다. 늘 간절하게 갈구한 것이 지금의 KG 그룹을 가능하게 했다고 한다. 주역에 '궁즉통(窮則通)'이란 말이 나오는데, 이는 궁(窮)하면 변(變)하고, 변(變)하면 통(通)한다는 말이다. 따라서 일을 이루기(通) 위해서는 궁(窮)해야 한다는 것이다. 그런데 바로 이 '궁(窮)'이 '간절함'이라는 것이다. 일의 성패는 간절함의 차이가 결정하기 때문에, 간절함은 성공의 씨앗이고 기적을 이루는 원천이라고 한다. 그는 간절함에는 다섯 가지 특징이 있다고 말한다.

"첫째, 간절한 마음으로 일을 하는 사람은 일을 뒤로 미루지 않는다. 지금 당장 한다. 그것도 신속하게 한다. 나중으로 미뤄두는 일은 간절한 일이 아니다. 간절한 일을 내일로 미룰 수는 없다.

둘째, 간절하면 뒤로 물러서지 않는다. 물러설 데가 있는 일은 간절한 일이 아니다. 타고 온 배를 가라앉히고 사용하던 솥을 깨뜨리는(破釜沈舟) 불퇴전의 각오를 필요로 하는 일이 간절한 일이다.

셋째, 간절하게 일을 하는 사람은 그 일을 자기 일로 생각한다. 남의 일로 생각하면 절대 간절함이 생기지 않는다. 자기 일이어야 욕심이 생기고, 욕심이 생겨야 자기 안에 잠자고 있는 잠재능력까지 끄집어낼 수 있다.

넷째, 간절하면 변화하려고 한다. 현실에 안주한다는 것은 간절하지 않다는 증거다.

다섯째, 간절하면 몰입한다. 결코 건성으로 대충하지 않는다. 궁금해하고 골똘히 파고든다. 하루 온종일 생각하고, 자면서도 고민한다.

간절하게 고민하면 하룻밤에도 검은 머리가 백발이 된다."

치열한 생존 경쟁의 시대, 다들 저마다의 무기를 갈고닦아 생활 전선에 나가고 있다. 영어 실력을 비롯한 각종 스펙에 전문 기술과 지식으로 무장하고 비스니스 세계에 입문한다. 그중 성공하는 자는 1퍼센트에 불과하다. 나머지 99퍼센트의 운명을 바꿀 수 있는 방법이 없을까? 있다. 그게 바로, 간절함이다. 파울로 코엘료가 쓴 《연금술사》의 '자네가 무언가를 간절히 원할 때 온 우주는 자네의 소망이 실현되도록 도와준다네"라는 말을 가슴에 새겨보자.

"간절히 바라면 반드시 이루어진다.
어떻게 해서라도 그렇게 되고 싶다'고 간절하게 바라면
그 생각이 반드시 사람의 행동으로 나타나고,
행동은 생각을 간절하게 한다.
하지만 그 간절함은 분명하지 않으면 안 된다.
막연한 간절함이 아니라 '반드시 그렇게 하고 싶다.',
'그렇게 되지 않으면 안 된다'라는 의지와
다짐이 분명한 간절함, 그런 꿈이 아니면 안 된다."

4
전문 자격증보다
더 중요한 것

병원장을 대상으로 하는 자산관리사를 할 때 나에겐 관련 자격증이 없었다. 오로지 남보다 더 많이 발로 뛰면 된다는 패기만 가지고 일을 시작했다. 시간이 갈수록 생각만큼 실적이 오르지 않자 초조해져서 틈틈이 한국공인재무설계사^{AFPK}, 국제공인재무설계사^{CFP} 등의 전문 지식을 습득하여 고객 상담에 만전을 기했다. 깊이 있는 금융 지식을 갖추면 고객들에게 좋은 반응을 이끌어내어 금융 상품 계약을 체결할 수 있을 줄 알았지만, 그건 오산이었다. 답보 상태가 이어졌다.

한 선배가 떠올랐다. 금융 관련 자격증을 모두 보유한 선배 자산관리사였다. 그는 탁월한 선진 금융 지식과 함께 상대를 끌어당기는 빼어난 상담 스킬을 가지고 있어서, 늘 최고의 성과를 거두었다. 때문에 그는 동료와 후배들이 가장 닮고 싶어 하는 사람이었다. 나 또한 선배를 존경했고, 그에게서 고객을 확보할 수 있는 노하우를 배우고 싶었다.

답답한 마음에 선배에게 도움을 요청했다. 선배가 한 시간 정도 내줄 수 있다며 흔쾌히 미팅을 허락해주어서 회사 근처 커피숍에서 만났다.

"선배님, 제가 변액보험판매관리사, 국제공인재무설계사, 한국공인재무설계사에 대해 빠삭하게 공부를 했습니다. 요즘 이 전문 지식을 활용해 상담에 만반을 기하고 있어요. 그런데 이상하게도 계약률이 답보 상태에요. 전문 지식을 전달하는 데 미숙한 게 있어서 그런가요?"

선배가 눈웃음을 지으며 말했다.

"그게 문제가 아닌 것 같아. 내가 자네 상담하는 거 몇 번 지켜봤는데 아주 훌륭하더라고. 그 이상 보탤 게 없을 정도야. 오히려 내가 자네에게 배울 게 있을 정도였어."

놀랐다.

"전 선배가 금융 관련 자격증 최다 보유자라 고객들에게 반응이 좋을 줄 알았습니다. 그게 계약하고 상관이 없는 건가요? 제발, 선배의 특급 노하우를 알려주세요."

"내 노하우는 바로 김장 김치야."

깜짝 놀랐다. 뚱딴지같은 소리로 들렸기 때문이다.

"금융 관련 전문 지식은 서점에 가면 쉽게 구할 수 있어. CFP, AFPK 등에서 배우는 이론과 지식도 노력만 하면 누구나 어렵지 않게 습득할 수 있지. 그런데, 지나치게 전문적인 금융 관련 용어와 내용은 오히려 상담을 방해할 수도 있어. 금융 초보자인 병원장님들은 복잡한 금융 전문 용어를 이해하기 힘들기 때문이야. 상담은 철저히 고객의 눈높이에 맞게 물 흐르듯이 이어져야 한다는 게 내 생각이야. 그래서 어느 순간 전문 지식을 다 내려놓는 게 필요해. 그러면 무엇으로 계약률을 높이느냐? 그게 바로 방금 말한 대로, 김장 김치야. 나는 매년 김장철이 되면 김치 맛이 일품인 어머니 덕을 보고 있어. 내가 관리하고 있는 병원장님이 270명쯤 되는데 해마다 그들 모두에게 김장 김치를 선물하고 있어. 작은 항아리에 어머니와 함께 정성껏 준비한 김장 김치를 담아서. 병원장님들은 나의 진심어린 김장 김치 한 통에 감동을 받고 나에게 신뢰를 보내주더라고."

고객은 전문적인 지식이 아니라 진심에 감동을 받는다. 또한 고객은 상품 자체에 대한 만족 그 이상의 감동을 요구한다. 그렇다고 고객 감동을 위해 꼭 큰돈을 들이고 많은 시간을 들여야 하는 것은 아니다. 고객을 향한 '진심'이 담기기만 하면 그 무엇이든 좋다. 그 선배의 경우 고객에 대한 진심을 김장 김치로 표현한 것이다.

진심으로 고객 감동을 이끌어낸 '감동 경영'의 대표적인 사례가 있다. 얀 칼슨이 최연소 CEO가 되었을 때, 스칸디나비아 항공은 만성 적자에 허덕였다. 그는 '고객은 저마다 인격적인 대우를 받길 원하고, 기대에 미치지 못한 서비스는 즉시 외면해버린다'고 강조하면서 변화를 꾀했다. 이렇게 해서 나온 게 '피터슨 이야기'다.

사업가 루디 피터슨이 사업차 스톡홀름의 그랜드 호텔에 머물고 있었다. 그는 급한 용무로 코펜하겐으로 가기 위해 알란타 공항으로 향했다. 공항에 도착해서야 자신이 정신없이 오느라 항공권을 호텔에 두고 온 사실을 깨달았다. 낭패였다. 그는 지푸라기라고 잡는 심정으로 항공사 직원에 자신의 사정을 말했다.

그러자, 놀라운 답변이 돌아왔다.

"걱정하지 마세요. 피터슨 씨. 최대한 탑승을 할 수 있도록 도와드리겠습니다. 우선 임시 항공권을 드리겠습니다. 머물렀던 호텔 방 번호와 코펜하겐의 연락처를 알려주시면, 처리해 드리겠습니다."

피터슨은 안도의 숨을 내쉬면서 대합실에서 비행기에 탑승할 시간을 기다렸다. 그 사이 항공사는 발 빠르게 움직였다. 호텔에 연락해 그의 방에 있는 항공권을 찾아냈고, 항공사의 차를 보냈다. 얼마 뒤 그의 항공권이 항공사에 도착했다.

커피를 마시고 있는 그에게 직원이 다가가 말했다.

"피터슨 씨, 여기 항공권 있습니다."

그는 직원의 손을 잡고 몇 번이고 흔들었다. 그에게 그 항공권은 평생 잊을 수 없는 감동적인 선물이 되었다.

이를 통해 스칸디나비아 항공은 세계적인 항공으로 도약했다. 이 일화는 하버드 비즈니스 스쿨에서 혁신 경영 사례로 소개되기도 했던 고객 감동 경영의 예이다. 얀 칼슨의 고객 감동 경영은 기업과 고객이 만나는 모든 접점에서 고객에게 최고의 만족을 주는 것이다. 기업과 고객이 만나는 매 순간이 투우사가 황소를 맞닥뜨린 것과 같은 결정적 순간이기 때문이다. '피터슨 이야기'에서 보듯, 결정적인 순간에 고객을 감동시키기 위해 제일 중요한 것은 진심이다.

자산관리사로 영업을 시작하고 얼마 후, 부산의 모 병원장과 상담을 시도하였다. 부산 지역에서 유명한 대형 병원을 운영하고 있던 병원장이니 만큼 상당히 큰 계약 금액이 예상되었다. 하지만 그 병원장은 다른 회사가 오랫동안 공을 들여왔고 조만간 계약을 한다는 소문이 돌았다. 그 회사에서는 병원장의 인맥을 활용해 영업 전략을 펼쳤다고 알려져 있었다. 그와 아무런 연줄이 없는 내가 영업을 한다는 것은 불가능에 가까워 보였을 것이다. 센터장이 나를 한심하다는 듯 쳐다보며 말했다.

"가망 없는 곳은 빨리 포기하고 새로운 곳을 뚫어 보라고. 시간과 정열을 쓸데없이 소모하지 않는 게 좋아."

오히려 오기가 생겼다. 나에게는 경쟁사에 비해 우리 회사의 컨설팅 능력이 월등히 높다는 자부심이 있었다. 되든 안 되든 일단 부딪혀 보려고 했다. 예상했던 대로 병원장은 나에게 크게 관심을 가지지 않았다. 잠깐 얼굴을 보자마자 응급 진료가 있다며 자리를 비우기 일쑤였다. 그래도 문전 박대를 당하지 않은 것에 만족하고 정기적으로 찾아갔다.

매번 손 편지도 전했다. 편지에서는 절대 금융 상품에 대한 언급을 하지 않았다. 대체로 이런 내용이었다. 백여 명의 직원을 거느린 최고 경영자로서 고충이 많겠습니다, 직원 결원이 생기지는 않았습니까? 무엇이든 도움이 필요한 게 있으면 제게 말씀하십시오, 최대한 도움을 드릴 수 있도록 가능한 채널을 모두 동원하겠습니다, 가족의 평안을 바라며 건강에 늘 유념하십시오. 편지의 내용은 한 번도 같은 적이 없었다. 아침에 회사에 출근한 후, 제일 먼저 그 병원장에게 마음에서 우러나는 편지를 썼다. 특히, 그 병원장이 요즘 병원 경영이 좋지 않아 마음고생이 심하다는 점을 잘 알고 있었기에, 하루빨리 병원 경영이 정상화되기를 바라는 마음으로 한자 한자 꾹꾹 눌러서 편지를 썼다.

그러던 어느 날, 그 병원장이 내게 만나자는 전화를 해왔다. 기쁜 마음에 다른 일정을 뒤로 미루고 병원장을 찾아갔다. 병원장이 내 손을 따뜻하게 잡으면서 말했다.

"이렇게 정성스럽게 쓴 손 편지를 받아본 게 얼마만인지 모르겠습니다. 내가 선생님에게 친절하게 대해준 것도 아닌데 이런 편지를 받게 되니 미안하기도 하고 고맙기도 했어요. 솔직히 나는 다른 회사와 자산 관리를 계약하기로 마음먹고 있었어요. 그 회사 상사가 고향 사람이라서 몇 번 술자리를 가진 게 인연이 된 거지요. 그런데 금융 상품만 놓고 보면 선생님의 것보다 나은 게 없더라고요. 그래서 고민하고 있었지요. 그러다 이 손 편지를 받고 나서 마음을 굳혔습니다. 한 병원의 경영자로서 공과 사를 분명히 구분해야겠다는 생각을 하게 된 거지요. 여러모로 이 선생님을 뵙고 배우는 게 많아요."

이렇게 해서 모두가 불가능할 것이라고 했던 그 병원장과의 자산 관리 계약을 맺을 수 있었다. 한 번도 내 목표를 위해 고객을 이용한다는 생각을 해본 적이 없다. 항상 고객의 편의와 이익을 위한다는 마음을 가졌다. 진심으로 그 병원의 경영 수지가 좋아지길 바랐는데, 이 진심이 손 편지를 통해 전달되었던 것이다.

고객은 전문적인 지식이 아니라 진심에 감동을 받는다.
또한, 고객은 상품 자체에 대한 만족
그 이상의 감동을 요구한다.
그렇다고 고객 감동을 위해 꼭 큰돈을 들이고
많은 시간을 들여야 하는 것은 아니다.
고객을 향한 '진심'이 담기기만 하면 그 무엇이든 좋다.
그 선배의 경우 고객에 대한 진심을
김장 김치로 표현한 것이다.

5

돈 대신
사람을 남겨라

존슨앤존슨에서 근무할 때 나는 대전 지역을 담당하고 있었다. 하루는 나에게 K병원을 뚫으라는 막중한 '지령'이 떨어졌다. 그 병원은 이미 경쟁사에서 오랜 시간 잘 관리를 해왔기에 그곳을 뚫는 건 불가능에 가까운 일이었다.

　그간 힘든 내색하지 않고 주어진 일을 척척 해왔고, 사원의 신분으로 PT를 해 경쟁사의 부장급 PT를 누르고 계약을 따내기도 했다. 이런 나를 회사에서 눈여겨보고, 특별한 임무를 준 게 틀림없었다. 회사에서는 205특공여단 출신인 내가 특공대처럼 난제를 해결해주길 바랐다. 나는 회사의 기대에 부응해 그곳을 '타격'하고자 호시탐탐 기회를 노렸다. 변변한 인맥 하나 없는 내가 경쟁사의 방어막을 뚫기란 결코 쉽지 않았다. 해당 담당자와의 미팅을 요청했지만 요지부동이었다. 내가 별 진척이 없자, 회사 경영진이 묘안을 내놓았다.

"그동안 고생 많이 했네. 자네도 안 통하는 걸 보니 다른 방법을 강구해야겠어. 이제는 직접 해당 담당자를 상대하는 대신에 병원장을 통해 Top down 방식으로 담당자에게로 가는 길을 택해야겠어."

지금까지 내가 육탄전을 펼치다가 연이어 참패를 했다. 때문에 앞으로는 낙하산 부대를 적진 깊숙이 침투시키는 전술을 펼치기로 한 것이다. 그 동안 여러 차례 미팅을 요청했던 담당자의 얼굴이 떠올랐다. 틀림없이 기분이 상할 것만 같아 걱정이 되었다.

회사는 병원장과의 학맥을 이용해 밀어붙이기 식으로 영업을 펼쳤다. 이렇게 해서 병원장의 주선으로 병원장과 담당 과장을 만나는 미팅이 이루어졌다. 이 자리에서는 우려와 달리 과장은 반갑게 인사를 하고 호의적인 태도를 보였다.

하지만 며칠 후 병원을 찾아갔을 때 과장은 흥분을 감추지 못했다. 어떻게 해당 부서 책임자인 자신을 무시하고 병원장을 통해 로비를 하느냐는 것이었다. 모름지기 모든 사업체에는 각 부서가 있고 또 그 부서에는 해당 책임자가 있는데 어떻게 이걸 깔아뭉개버릴 수 있느냐고 노발대발했다. 영업 실적도 좋지만 비즈니스의 기본을 지켜야하지 않느냐고, 누가 뭐래도 그 부서에서는 자신이 최고의사결정권자인데, 자신을 직접 거치지 않고 무슨 영업을 한다는 거냐고 분노를 감추지 못했다.

결국, 회사가 공들인 영업 전술이 실패로 끝났다. 좀 더 시간이 걸리더라도 정상적인 방법과 절차로 꾸준히 영업했다면 어땠을까 하는 후회가 밀려왔다. 이후, 회사에서는 나에게 그곳을 포기하고 다른 곳 영업을 하라고 독려했다. 하지만 내 마음속에서 그 과장님의 얼굴이 떠나지 않았다. 그분과 여러 차례 차를 마시면서 이야기를 나누던 일, 감정이 격해져서 화를 내던 일이 스쳤다. 영업이 실패했다 해도 사람에 대한 예의와 정마저 잃어버릴 수 없었다. 그래서 속죄하는 심정으로 그 병원을 계속해서 방문했다.

큰 기대는 하지 않았다. 전과 달리 냉담한 분위기 때문에 그분과 대화를 나누는 건 상상도 할 수 없었다. 그래도 최신 자료와 해외 논문 등을 챙겨서 그분에게 드리고 왔다. 문전 박대를 당하지 않은 것만으로 다행이었다.

이렇게 8개월이 흘렀다. 하루는 폭우 속에서 우산을 들고 병원을 방문했다. 나를 발견한 과장님이 방으로 들어오라고 했다. 그리곤 제품 견적서를 달라고 했다. 마음속에서 눈물이 주르륵 흘렀다. 견적 금액으로 치면 이보다 몇 배 많은 건도 있었지만 나에겐 그 모든 걸 제치고 이번 견적이 가장 뜻 깊었다. 잃어버렸던 고객을 다시 되찾았기 때문이었다.

세일즈의 세계에서는 뭐니 뭐니 해도 실적이 제일이다. 고객을 잘 이용하면 단기간에 반짝 높은 실적은 올릴 수 있을지 모른다. 하지만 장기적인 높은 실적은 그렇게 해서는 결코 만들어지지 않는다. 고객을 봉으로 보고 이용하는 게 아니라 한 사람으로서 존중하고 배려할 때에

만 장기적인 높은 계약률을 유지할 수 있다. 영업은 현장에서 직접 사람을 대하는 일이니만큼 무엇보다 사람과의 관계를 중시해야 한다.

서울 강서구의 M병원을 대상으로 영업을 할 때의 일이다. 그 병원은 핵심 관계자와 부서 직원 대다수가 여성이었다. 고객 관리 차원에서 내가 판매한 검사 장비에 대한 A/S는 기본으로 해주었다. 늘 고객의 편의를 생각하던 나는 고객과 좀 더 밀착된 관계를 유지하고자 했다. 그래서 가능하면 자주 저녁 식사 자리를 가졌다. 이를 통해 정서적 교감을 나누고 고객의 자녀 교육과 가족 여행 등에 대해서도 최대한 도움을 드리고자 했다.

이 과정에서 부서 책임자와는 상당히 가까운 사이가 되어 있었다. 부모님의 기일과 자녀의 생일을 챙기는 것은 물론 아는 여행사를 통해 가족 여행권을 저렴하게 구입할 수 있게 도와 드렸다. 간단한 용무는 문자로 주고받고 있었다.

하루는 병원 실무자들과 술자리를 하게 되었다. 여느 회사의 술자리와 다름없이 상사에 대한 불만이 터져 나왔다. 문제는 나와 친한 부서 책임자가 그들의 입방아에 오르내렸다는 점이다. 당황스러웠지만 시치미를 떼고 앉아 있었다. 그러던 중 그들이 나에게 책임자를 끌어내리는 데 한목소리를 내주라고 요청했다. 술자리였기 때문에 크게 신경 쓰지 않고 그들과 공감대를 형성하기로 했다. 내가 그들과 다른 입장이라고 하면 이는 곧 그들의 적이 되는 것이나 마찬가지였기 때문이었다.

나는 이후 행동에 대해 고민하지 않을 수 없었다.

'계약서에 사인을 하는 분은 책임자이고, 또 나를 내칠 수 있는 분도 책임자인데 정말 답답하네. 나보고 어쩌란 말이야. 어느 장단에 맞추라는 거야.'

2주가 흐른 후 책임자가 나를 불렀다. 방에 들어갔을 때 그분은 이미 감정이 격앙되어 있었다. 그토록 친절하던 모습은 간데없었다.

"2주 전에 술자리에서 무슨 일 있었습니까? 그날 나를 중상모략하는 발언을 한 직원이 있다고 하는데 대체 누군가요? 어서 사실대로 말하세요. 매우 중대한 사안이라 좌시할 수 없어요."

누군가 몰래 책임자에게 일러바친 모양이었다. 천만다행으로 내 처신에 대해서는 일절 언급이 없었다. 하지만 무슨 말을 해야 할지 아찔했다. 내 한마디로 부서 실무자의 목이 달아나는 일이 생길 수 있었다. 그렇다고 나에게 두터운 신뢰를 갖고 있는 책임자의 요청을 묵살할 수도 없었다. 부서 실무자의 편을 서느냐? 책임자의 편을 서느냐? 이것이 문제였다.

고심 끝에 입을 열었다.

"선생님, 그날은 평범한 술자리였습니다. 모두 기분 좋게 취해서 속에 있는 얘기를 털어놓게 되었습니다. 그런데 술자리에서는 나라님도 욕하잖아요. 그날 술자리는 스트레스를 푸는 의미가 있었어요. 그러고 나면 다 잊어버릴 일이지요. 전 평소와 다름없이 편하게 술자리를 가졌습니다. 그렇게 스트레스를 풀고 나면 다시 예전처럼 의욕적으로 병원 일을 할 수 있다고 봅니다. 그러니 너무 심려치 않아도 될 거 같습니다."

조직에서 살아나기 위해 동료를 팔기도 하고, 심지어 상사를 팔기도 한다. 영업에서도 마찬가지 일이 비일비재하다. 몇몇 영업자들은 고객과의 관계에서 고객을 이용하기만 하고 이용 가치가 없어지면 가차 없이 버리는 경우가 있다. 영업 실적의 측면에서 볼 때 병원 실무자는 아무런 이용 가치가 없다. 오히려 부서 책임자가 나에게 중요한 고객이다. 하지만 나는 이익을 위해 하나를 버리는 방식을 취하지 않았다. 설령, 계약이 성사되지 않더라도 나와 관계를 맺은 실무자를 버릴 수는 없었다. 다행히 평소 친밀한 유대를 가져온 책임자가 내 말을 납득해주어서 실무자와 책임자 모두에게 별 탈 없이 지나갈 수 있었다.

"장사란 이익을 남기기보다 사람을 남기기 위한 것이다. 사람이야말로 장사로 얻을 수 있는 최대의 이윤이며 신용은 장사로 얻을 수 있는 최대의 자산이다."

조선 시대 거상 임상옥을 그린 최인호 소설《상도》에 나오는 말이다. 한마디로, 사람을 남겨야 신용이 생기고 이를 통해 비로소 장사를 할 수 있다는 뜻이다. 영업에서도 이는 한 치의 오차 없이 통한다. 전 골드

만삭스 자산운용 대표이사인 도키 다이스케는 남다르게 소심한 성격 탓에 영업과는 거리가 먼 사람이었다. 하지만 그는 자신의 이익을 위해 고객을 이용하는 대신 고객의 마음을 사고자 했고, 고객과의 신뢰를 쌓기 위해 노력했다. 이렇게 해서 그는 최고의 금융 기업 골드만삭스의 세일즈맨으로 대성공을 거두었다.

그는 고객을 위하는 세일즈맨이라면 다섯 가지 질문에 대답할 수 있어야 한다고 말한다. 이 질문에 자신 있게 대답할 수 있는 자야말로 사람을 남기는 영업자다.

- 고객은 무엇을 좋아하는가?
- 고객은 요즘 무엇을 하고, 무슨 생각을 하는가?
- 고객이 교제하는 사람은 누구인가? 고객의 가족 관계는 어떤가?
- 고객에게 이 상품이 왜 필요한가?
- 현재 고객과의 신뢰는 어느 단계인가?

이 질문에 자신 있게 대답할 수 있는 자야말로
사람을 남기는 영업자다.

- 고객은 무엇을 좋아하는가?
- 고객은 요즘 무엇을 하고, 무슨 생각을 하는가?
- 고객이 교제하는 사람은 누구인가? 고객의 가족 관계는 어떤가?
- 고객에게 이 상품이 왜 필요한가?
- 현재 고객과의 신뢰는 어느 단계인가?

6

진심을 전할 기회를
포착하라

세상을 살아가면서 겪게 되는 소중한 순간이 많지만 그 중 으뜸은 서로 다른 배경의 두 사람이 만나 하나가 되는 결혼이 아닐까 싶다. 영업자들은 고객의 결혼식에 자주 초대를 받게 된다. 보통의 경우는 식장에 참석하여, 축의금 내고 얼굴 도장 찍고 오는 경우가 많은데, 이는 고객의 입장에선 특별할 것이 없는 그저 수많은 하객 중의 하나로 남을 것이다. 이런 축하 방법은 절대로 기억에 오래 남지 않는다.

천륜지대사인 결혼은 고객에게 감동을 주기에 가장 좋은 이벤트가 아닌가? 이런 황금 같은 기회를 그냥 날릴 수는 없는 일이다. 나는 고객의 기억에 평생 남을 수 있는 추억을 선사하고 싶었다. 그래서 고안해 낸 아이디어가 결혼 앨범 제작이었다. 결혼식에 참석할 때, 나는 정장이 아닌 사진작가 복장으로 카메라를 들고 참석을 한다. 고객과 인사를 나눈 후 최대한 즐겁고 행복한 장면을 담으려고 부지런히 움직인다. 하객을 맞아 인사하는 신랑, 신부 그리고 가족들, 신랑 행진, 신부입장 그리고 주례사까지 모든 장면 장면을 놓치지 않으려고 쉼 없이 셔터를 누른다. 주례선생님 뒤에서 촬영을 하다가 눈이 마주치면, 고객은 짐짓 놀라기도 한다.

신랑 친구, 신부 친구 및 직장 동료들과 찍는 마지막 단체 사진 후 인사를 나눌 때, 고객에게 이런 말을 건넨다.

"오늘 결혼 진심으로 축하 드립니다. 신혼여행 후에 찾아뵙고, 사진을 전해 드릴께요!"

나는 사진파일을 CD나 USB에 담아서 전하는 방법을 선호하지 않는다. 나는 앨범을 제작한다. 축의금 대신 앨범을 만들어 선물하는 것이 고객에게 더 큰 기쁨을 주는 것이라 판단했기 때문에 이중 부담이 아닌 비슷한 비용으로 감동을 극대화하는 전략이다.

"신혼여행 즐거우셨어요? 지난 번 결혼식 때 촬영한 사진 전해 드리려고 하는데, 댁으로 초대해주세요!"

고객은 당연히 고마워하며, 기꺼이 초대하고, 차 한 잔 내어준다. 간단히 인사를 주고 받은 후 준비해간 앨범을 내놓는다. 사진 몇 장을 주거나, 파일이 담긴 USB를 줄거라 생각했는데, 전문스튜디오에 의뢰한 듯한 양장본의 앨범을 받게 되면, 특히 여성의 경우 그 감동은 쉽게 사그러들지 않는다. 앨범 속 사진을 한 장 한 장 넘기면서 부부는 박장대소하면서 웃기도 하고, 그날의 추억에 잠기기도 한다. 감동에 겨운 여성고객의 경우 눈물을 흘리는 경우도 종종 있다. 부부의 감동받는 모습과 태도는 내게도 무척 보람된 순간이다. 소중한 고객에게 이렇듯 큰 감동을 줄 수 있다는 것이 내 영업 활동에 큰 동기부여가 되기도 한다.

여기서 끝나지 않는다. 고객에 묻는다.

"곧 친구들 초대하여, 집들이 하실 텐데, 집들이 오신 친구분들에게 드릴 기념 선물 같은 건 준비하셨나요?"

보통의 경우, 식사만 준비하기 때문에 기념 선물에 대해선 별 생각이 없는 고객에게 한 묶음의 사진이 담긴 박스를 내어 보이며, 이렇게 얘기한다.

"다들 소중한 친구분들이실 텐데, 친구들과 함께 찍었던 그 사진을 사람 수대로 한 장씩 각 봉투에 넣어 준비해 왔습니다. 친구분들이 집들이에 왔다가 돌아갈 때, 한 장씩 전해 주시면 좋지 않을까요?"

고객 부부의 표정은 더 밝아진다. 굳이 말로 표현하지 않아도 그들의 표정으로 그 마음을 충분히 느낄 수 있다.

　결혼 앨범 선물의 힘은 이루 말할 수 없을 정도로 컸다. 두 부부의 모든 금융상품을 계약한 것은 물론이고 지인들까지 소개해주었다. 집들이 와서 친구들과 선물 받은 앨범과 단체사진 등을 보면서, 나에 대한 얘기도 자연스럽게 나누게 된다. 그래서 앨범을 받는 고객이 해준 추천은 물론, 집들이에 참석한 친구들의 요청으로 상담 문의가 온 경우도 상당히 많았다.

　인생의 소중한 순간은 결혼 외에도 돌잔치, 부모님 칠순 등 다양하다. 나는 고객들과 인연을 맺게 되면 항상 이런 이벤트를 잊지 않고 꼭 챙겼고, 전담 사진촬영기사를 기꺼이 자처하여 앨범과 단체 사진을 선물하였다. 내가 선물했던 결혼 앨범, 돌잔치 앨범, 칠순잔치 앨범은 내 고객의 삶이 지속하는 한 평생 그들과 함께 좋은 추억으로 남게 될 것이다.

　고객 감동은 고가의 선물이 아니라, 진심이 담긴 인간적인 정성으로 빚어진다. 지금도 나는 이 방법을 주위의 많은 세일즈맨들에게 강력하게 권하고 있다. 고객의 귀한 기념일에 형식적으로 참여하지 말고, 보다 적극적으로 참여하여 깊은 감동을 주라고 말이다.

　여기서 한 단계 더 나가보자. 나는 받았던 청첩장을 절대 버리지 않고 사무실 서랍 한 쪽에 날짜별로 잘 보관한다. 결혼 1주년이 되는 날에 맞춰 손 편지와 함께 그 청첩장을 다시 원주인에게 돌려준다. 편지의 내용은 다음과 같다. '홍길동 과장님, 정확히 작년의 오늘을 저는 선명하게 기억합니다. 두 분은 평생 가약을 맹세하셨죠. 1년이 지난 지금도 그 약속 잘 지키고 계시죠? 혹시라도, 조금의 흐트러짐이 있었다면, 제가 1년 동안 보관하고 있던 이 청첩장을 다시 보내드릴 테니, 그 아름다운 날을 상기하시어, 그 날의 맹세를 앞으로 영원히 함께 하시길 기원하겠습니다. 아시죠? 언제나 두분 곁에서 항상 응원하고 있습니다.'

이런 편지와 청첩장을 받은 고객은 100퍼센트 내게 전화를 해서 고맙다고들 한다. 청첩장을 1년 동안 보관하고 있다가 시간에 맞춰 다시 돌려줄 것이라고 어느 누가 생각을 했겠는가.

이렇게 예상하지 못했던 감동이 가슴에 일면, 고객 감동은 영업자에 대한 충성도로 확장된다. 이렇게 형성된 신뢰를 통해 고객은 사업을 도와주는 중요한 파트너가 되는 것이다. 그들 주변에 나를 적극적으로 홍보할 뿐만 아니라 상당히 적극적으로 계약을 끌어내준다. 고객은 그렇게 해서 감사한 마음과 감동을 돌려주고 싶은 것이다. 이렇듯 고객 감동은 디지털이 아닌 아날로그 감성을 통해서 비즈니스 기회를 끊임없이 확대시킬 수도 있다.

고객 감동은 고가의 비싼 선물이 아니라,
진심이 담긴 인간적인 정성으로 빚어진다.
지금도 나는 이 방법을 주위의 많은 세일즈맨들에게
강력하게 권하고 있다.
고객의 귀한 기념일에 형식적으로 참여하지 말고,
보다 적극적으로 참여하여 깊은 감동을 주라고 말이다.

3장

고객을
팬처럼
열광하게
만들라

1
고객 관리?
아니, 관계 관리!

존슨앤존슨에서 근무할 때의 일이다. 나는 부천의 S병원과 오랜 기간 좋은 관계를 맺어오고 있었다. 거기다가 병원이 확장되면서 평소 가깝게 지내던 K선생님이 그곳으로 부임하게 되자 관계가 더더욱 돈독해졌다. 그분은 해당 부서의 최고 의사결정권자였다. S병원 담장자인 나는 더욱 의욕적으로 그분과 좋은 관계를 만들려고 노력했다. 그분도 내게 무척이나 호의적인 태도를 보였기에 의료 장비 계약을 따내는 건 어려워 보이지 않았다.

그러던 어느 날 놀라운 사실을 알게 되었다. 그 병원 실무자가 내게 전화를 주었다.

"지금 경쟁사에서 새로 부임하신 K선생님과 신규 장비 계약 진행하는 거 아세요?"

믿는 도끼에 발등 찍힌 기분이었다. 많은 시간을 투자해 공들여온 계약 건을 날릴 위기였다. 그분은 남의 뒤통수를 치는 사람이 결코 아니었다. 경쟁사는 우리 회사에 비해 성능이 떨어지는 제품을 팔기 때문에 시장에서 전혀 주목받지 못하는 곳이었다. 그럼에도 불구하고 어째서 그곳을 선택하려고 하는지 도무지 납득이 되지 않았다.

황급히 K선생님에게 전화해 다짜고짜 만나자고 했다. 방문을 들어서자 그는 단호하게 이번 프로젝트는 양보하라고 말했다.

"선생님, 양보할 걸 양보해야죠. 이건 내 심장을 내놓으라는 거나 마찬가지잖아요. 내가 다른 건 다 양보할 수 있어도 이번 프로젝트는 양보 못합니다. 회사에서도 이번 프로젝트에 거는 기대가 큽니다. 가격을 더 내리라면 그렇게 해보겠습니다."

마음속으로 이번 프로젝트는 계약 체결 1순위였다. 이게 수포가 된다면 그 밑에 있는 건 또 어떻게 감당하란 말인가?

K선생님이 솔직하게 얘기했다.

"가격이 문제가 아닙니다. 가격은 별반 차이가 없어요. 실은 T사 P부장이라는 사람 때문입니다. 내가 레지던트 시절부터 그분에게 신세를 많이 져서 이번에 기회를 주려고 그래요. 그러니 이번 건은 P부장을 통해 진행할 테니 그렇게 아세요."

갑자기 P부장이 어떻게 고객과의 관계를 유지해왔는지 궁금해졌다. 나보다 서너 살 많은 P부장과 몇 번 식사를 한 적이 있었기에 어렵지 않게 그에게 한 번 보자고 해서 어떻게 해서 S병원 프로젝트 계약을 따냈는지를 물어보았다.

그가 자신 있는 표정으로 말했다.

"S병원 K선생님은 5년간 각별하게 관계를 유지해온 분입니다. 영업자이기 전에 한 인간으로서 기쁠 때나 슬플 때나 늘 그와 함께해 왔다고 자부합니다. 그분의 두 아이 돌잔치는 제가 섭외한 곳에서 치렀고, 동생이 유학 갈 때는 저희 형님이 운영하는 유학원에서 도움을 드렸지요. 얼마 전에 그분이 어머니 상을 당했을 때는 3일간 만사 제치고 함께 밤을 새웠어요. 이것만이 아녜요. 그분 가족과 함께 종종 해외여행도 하고 있습니다. 그분에게 나는 인생의 동반자인 거죠."

그는 고객과 단지 비즈니스 파트너가 아니라, 인생의 벗이자 조력자로서 교류했다. 이렇게 해서 형과 아우처럼, 고향 선후배처럼 떼려야 뗄 수 없는 끈끈한 고리가 만들어졌고, 그 연결 고리는 단점 많은 경쟁사 제품까지 구매하도록 작용한 것이다. 비즈니스는 좋은 상품만으로 승부가 나는 것은 아니다. 품질이 떨어지는 상품이라 해도 고객 관리가 잘 뒷받침된다면 상품 판매는 어렵지 않다.

푸르덴셜생명에서 처음 영업을 할 때도 그랬다. 당시 선의로 계약해준 지인 가운데 몇 명에게 문제가 생겼다. 무려 스물여덟 명이나 한꺼번에 계약이 성사될 때는 보험왕은 따 놓은 당상처럼 여겨져 한껏 들떴다. 그런데 몇 주가 지나기도 전에 몇 명이 일방적으로 회사에 계약해지를 통보해왔다. 당황스러웠다.

대체 뭐가 잘못된 걸까? 나에게 전화라도 한 통 했었다면 이렇게 실망스럽지는 않았을 것이다. 나를 거치지 않고 일방적으로 회사에 전화를 해 민원을 제기하는 건 또 뭔가? 참으로 이해하기 힘든 일이었다. 나는 절대 그들에게 보험 계약을 강요하지 않았다. 오히려 그들이 동료로서의 우정으로 기꺼이 계약을 한 것이었다. 혼자 끙끙 고민을 하던 나는 인간관계를 잘못 맺어왔나 하는 자괴감에 빠지기도 했다.

머지않아 원인이 밝혀졌다. 한 친구가 나를 걱정하는 마음으로 전화를 해주었다.

"미안해. 나도 퇴근하고 나서 알게 됐어. 아내가 자네 회사에 전화를 걸어 계약 해지를 요청했대. 애초에 내가 아내에게 보험 계약에 대해 상의하지 않은 게 잘못이었어. 아내는 월세 집에 사는 우리 처지에 종신보험은 부담이 너무 크다는 거야. 나중에 집을 장만한 후 여유가 있을 때 생각해보자고 했어. 아내가 회사로 전화를 한 건 사과할게. 하지만 이젠 나도 어쩔 도리가 없어. 보험 계약은 천천히 생각하는 것으로 하자."

그때서야 영업자로서 나의 미흡한 점을 깨달을 수 있었다. 내가 가정의 행복을 지키라며 권했던 보험이 어떤 가정에서는 불화를 일으키고 만 것이다. 세심하게 지인의 아내까지 신경을 썼어야 했던 것이다. 이미 늦어버렸다.

이 일을 통해서 고객 관리의 중요성을 다시 한번 느꼈다. 세일즈는 누군가와 도움을 주고받는 차원에서 이루어져서는 안 되고 오로지 해당 상품의 필요성에 대한 공감에서 이루어져야 한다. 그래야 판매자와 구매자 모두의 이익을 증진시키는 세일즈가 되는 것이다. 이것이 끝이 아니다. 고객은 물론 고객의 가정에까지 해당 상품에 대한 만족감을 줄 수 있어야 한다. 위에서 말한 것처럼 고객의 아내가 거부하는 경우가 있을 수 있기 때문이다. 따라서 상품을 파는 것으로 끝내지 말고 고객의 입장에서 고객 가정의 행복을 지켜주는 고객 관리가 뒤따라야한다. 고객이 구매한 상품이 그의 다른 가족들도 만족시킬 수 있도록 관심을 갖고 배려하고 지원해주어야 한다.

비즈니스에서 고객 관리는 필수다. 흔히 영업 관리와 고객 관리를 혼동하는 경우가 있다. 영업 관리는 매출 분석, 판매 촉진 프로모션, 주기적인 판매 이벤트, 고객 방문 현황 분석, 성향 분석 등 매출 증대를 이루기 위한 일련의 행위를 말한다. 이에 반해, 고객 관리는 판매자와 고객과의 관계를 더욱 친밀하게 만들어 판매자 및 사업장에 대한 긍정적인 이미지를 갖게 만듦으로써 재방문 및 재구매를 유도하는 일련의 행위이다. 이렇듯 고객 관리에서 '관계'가 중심적인 위치를 차지하기 때문에, 고객 관리는 정확히 표현하면 '고객 관계 관리'가 맞다.

요즘 영업 관리를 위한 수많은 전산프로그램이 개발되어 영업자와 자영업자가 이전보다 효율적으로 영업 관리를 할 수 있게 되었다. 그런데 고객 관리는 어떤가? 지금도 고객 관리라고 하는 게 고작 SMS발송, DM발송, 정기간행물 발송, 할인 이벤트뿐이다. 여전히 주먹구구식이다.

고객 관리의 기본은 '양방향 소통'이다. 기존 고객이든 잠재 고객이든 한번 인연을 맺게 되면, 지속적인 소통이 이루어져야 한다. 이때 소통의 내용이 중요한데, 판매자가 원하는 판매주력 아이템First Item에 집중되어 있다면, 이는 소통이 아니라 부담을 주는 요구에 불과하다. 소통의 중심은 판매자가 아니라 고객이어야 한다. 때문에 판매하고자 하는 판매주력 아이템 외에도 정서적 교감과 개인의 생활에 도움을 줄 수 있는 다양한 서비스 및 아이템Second item이 필요하다. 퍼스트 아이템 판매자가 정서적 교감과 함께 세컨트 아이템을 제공할 수 있다면, 고객과의 접점이 상당히 다양해진다. 정리하면, 고객과 함께하는 양방향 소통을 위해서는 '퍼스트 아이템, 정서 교감, 세컨드 아이템' 세 가지가 필요하다.

그런데 기존의 방식으로 이러한 세 가지 요소를 매개로 고객과 양방향 소통을 하는 것은 거의 불가능하다. 지속적으로 소통하는 별도의 고객 관리 플랫폼이 필요하다. 그래서 만든 것이 한국 최초의 신개념 고객 관리 플랫폼 'e비서'이다. 이것은 앞서 말한 것처럼 병원장들의 자산 관리를 하다가 번뜩 생각해낸 것이다. 병원장에게 직원의 이직 문제를 해결해주는 솔루션으로 시작해, 여러 번의 시행착오 끝에 지금의 e비서가 탄생한 것이다.

고객 관리 플랫폼 e비서는 기존의 SNS와 비슷한 것 같지만 실제로는 크게 다르다. 페이스북, 트위터, 이메일, 카톡, 카카오그룹, 인스타그램은 퍼스트 아이템에 대한 소식 제공과 정서 교감은 가능하지만 세컨드 아이템에 대한 내용을 전달할 수가 없다. e비서는 다양한 세컨드 아이템을 탑재하고 있어서 다른 SNS들과는 차별점을 갖는다.

플랫폼은 어려운 개념이 아니다. 지하철 서울역을 생각해 보자. 이곳에 쉴 새 없이 열차가 오간다. 저마다의 목적으로 서울역 플랫폼을 이용한다. KTX를 타려고 오는 경우도 있지만, 새마을호나 지하철을 타기 위한 경우도 있고, 쇼핑을 하거나 식사를 하러 오기도 하고, 마중이나 배웅을 위해 왔을 수도 있다. 따라서 서울역에서의 KTX 이용이 퍼스트 아이템이 되고, 다른 저마다의 목적으로 서울역을 거치는 것이 세컨드 아이템이 된다. KTX를 이용하든, 그렇지 않든 많은 사람들이 서울역이라는 플랫폼을 거쳐 가고 있다. 이처럼 e비서는 병·의원, 중소기업, 자영업자, 세일즈맨이 자주 찾는 서울역 역할을 하고 있는 것이다.

영업자들은 종종 나에게 고객 관리 비법을 묻곤 한다. 이때마다 초점을 자신이 아니라 고객에게 맞추라고 주문한다. 그것이 고객 관리의 첫 단추를 꿰는 것이라고 말한다. 이와 함께 다음 세 가지 요소를 갖추어야 고객과의 양방향 소통의 관계를 잘 유지할 수 있다고 강조한다.

첫째, 내가 판매하고 있는 상품에 대한 지식과 정보를 끊임없이 고객에게 공유해주어야 한다.

둘째, 고객과 정서적으로 교감해야 한다. 이때, 내가 판매하는 상품이 아니라 고객과 나의 사생활에 관련한 정보를 공유하는 것이 효과적이다. 내가 판매하는 상품 사진을 보내는 것보다 내 가족의 사진을 보내는 것이 고객의 마음을 움직이는 데 효과적일 수 있다.

세 번째, 고객이 원하는 것이 무엇인지 파악해 고객에게 제공해 줘야 한다. 판매하고 있는 상품이 아니라 고객 삶의 질에 도움이 되는 다양한 서비스를 제공하는 것이다.

영업자들은 종종 나에게 고객 관리 비법을 묻곤 한다.
이때마다 초점을 자신이 아니라 고객에게 맞추라고 주문한다.
그것이 고객 관리의 첫 단추를 꿰는 것이라고 말한다.

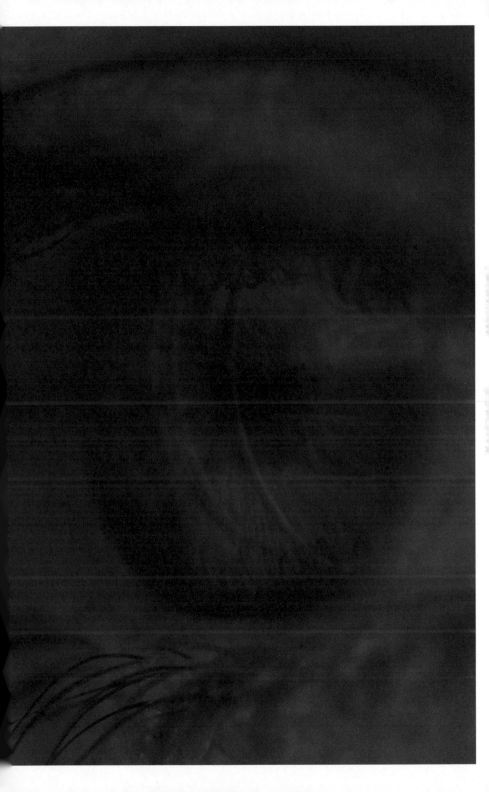

2
윈윈이
최고의 영업 전략이다

우리 회사에서 처음으로 만들었던 고객 관리 솔루션이 HCS다. 기존에 없었던 첨단 고객 관리 프로그램이었기에 기대가 컸다. 당시 나는 이 프로그램 하나로 고객 관리 시장을 평정할 것처럼 자신만만했고 우선 영업자들을 대상으로 영업을 펼치기로 했다. 외국계 보험사 I사가 집중 공략 타깃이 되었다.

처음 반응은 빨랐다. 우리의 영업 인력은 세 명뿐이었지만 시간이 갈수록 많은 세일즈맨들이 계약을 요청했다. 축배를 들어야 할 것 같은 기분이었다. 영업자 출신으로 아는 게 거의 없는 벤처 분야에서 보란 듯이 성공할 것만 같았다.

그러나 기쁨의 순간이 오래 가지 않았다. 계약을 한 영업자들의 항의 전화가 빗발쳤다.

"대표님, PT에서 말한 것하고 다르잖아요. 대표님이 영업자 출신이어서 우리 보험 영업에 활용도 높은 프로그램을 만든 줄 알았는데 너무 실망입니다. 특히 고객들을 끌어들일 수 있는 멤버십 혜택이 별로 신통치 않네요. 제가 개인적으로 선물을 준비해서 이벤트를 해도 이 정도는 할 수 있을 것 같습니다."

"요즘은 대충대충 사이트를 만들어서는 고객이 잘 방문을 하지 않습니다. 신경 써서 비주얼을 산뜻하게 만들어주시고 또 좋은 콘텐츠를 많이 갖춰주세요. 이러다 고객들이 다 떨어져 나갈까 겁나요."

하루에도 수십 통의 전화가 왔고, 그중 상당수는 계약 해지를 통보하는 것이었다. 사정이 이렇다 보니, 회사에 출근하는 게 겁날 정도였다. 책상에 앉아마자 회사 전화와 개인 핸드폰으로 고성으로 불만을 토로하는 목소리를 들을 게 분명했다. 결국 단기간에 생긴 거액의 매출금 상당 부분을 해약 환급금으로 돌려줘야 했다. 대책이 없었다. 이렇게 해서 HCS는 그 어디에도 명함을 내밀 수 없는 상품이 되고 말았다.

돌이켜 생각해보니, HCS의 실패는 예고된 것이었다. 우선 이 프로그램은 고객의 입장에서 활용도 높은 상품을 만든 게 아니라 시장 조사 끝에 일방적으로 만든 상품이었다. 고객과의 긴밀한 소통이 부재했기에 상품은 고객에게 외면당하고 말았던 것이다. 또 너무 급하게 출시

한 것도 문제였다. 프로그램 개발에 막대한 자금이 투자되다 보니, 자금 압박 때문에 상품 출시를 하루라도 앞당겨야했다. 그러다 보니 조악한 상품이 될 수밖에 없었고 이는 고객 불만으로 이어지게 되었다. 결국 눈앞의 이익만 보고 고객의 편의와 이익을 도외시한 게 패착이었다. 고객에게 많은 혜택을 주면서 고객과 함께 성장한다는 윈윈 전략이 아쉬웠던 것이다.

HCS의 참혹한 실패로 기약 없는 시간을 보냈다. 8년째 사업을 하면서 그때가 가장 견디기 힘든 시간이었다. 모든 것을 내려놓고 싶었다. 2번의 큰 실패를 안고, 보완하여 만든 상품이었기에 실패를 받아들이기가 힘들었다. 내가 형편없는 놈이라는 것을 인정하는 것은 나에겐 잔인한 고문과 같았다. 참을 수 없는 괴로움을 내려놓기 위해 한강에도 갔었지만, 아들만 바라보시는 내 어머니, 아내 그리고 딸 아이 생각을 하자 하염없이 눈물만 흘렀다. 정말 이러지도 저러지도 못하는 상황이었다. 그때 서둘러 춘천으로 갔다. 아버지가 보고 싶었다. 아버지 묘소에서 소주를 마시고 주저앉아 하염없이 목 놓아 울었다. 어머니께는 힘들다는 말을 할 수 없었다. 내 말 한마디에 하루 종일 걱정만 하실 어머니께는 차마 그 어떤 말도 꺼낼 수 없었기에 힘이 들 때면 항상 아버지를 찾았다. 아버지 산소의 봉분을 끌어안고, 몇 시간이 흘렀을까? 울 힘도 없고, 흘러내린 눈물이 다 말라 갈 때쯤, 한쪽 가슴에서 강한 외침이 들렸다. "여기서 포기할 거냐? 여기서 이제 끝내버릴거냐고? 못난 자식아! 이러면 안 되는 거잖아!" 내 무의식에서 나를 다그치는 소리가 고막이 찢어질 정도로 크게 들려오는 듯 했다. 이렇게 해서 내놓은 것이 '중소기업복지 솔루션, e복지'와 '선진고객관리 솔루션, e비서'다. 지날 날의 과오를 교훈 삼아 절치부심 끝에 만든 프로그램이었다.

고객 관리 솔루션인 e비서는 고객과의 양방향 소통을 위해 퍼스트 아이템(판매주력 상품)을 중심으로 한 정서적 교감과 세컨드 아이템(고객 삶에 필요한 다양한 서비스) 제공이 가능하게 개발하였다. 세컨드 상품이 특히 중요했다. 이를 통해 고객의 피부에 와 닿을 수 있는 실질적인 혜택을 줄 수 있기 때문이다.

e비서 초기에 세컨드 아이템으로 입점한 사업체 대부분은 영업자들로부터 소개를 받은 것이었다. 마산에서 1등을 달리는 J설계사는 e비서를 잘 활용해, 꾸준히 고객 수를 늘려가고 있었다.

하루는 미팅 도중 그가 내게 고객을 소개해주었다.

"VIP 고객 중에 에스테틱 샵을 운영하는 분이 있습니다. 고객 관리 차원에서 그 샵에 도움을 주고 싶은데 혹시 e비서 세컨드 아이템으로 입점할 수 있을까요?"

"좋죠. 당장 추진해보자고요."

며칠 후 해당 업체와 미팅을 했다. 그 업체는 이미 많은 고정 고객을 확보해 잘 운영하고 있었다. 그런데 원장에게 남다른 고충이 있었다.

"매출은 꾸준한데, 직원들 월급 주고 가게 월세에 재료비, 홍보·마케팅비 빼면 남는 게 별로 없어요. 무엇보다 홍보·마케팅비가 너무 많이 들어가요. 요즘은 전단지 뿌리는 걸로는 부족해서 바이럴 마케팅이다 뭐다 해서 추가 비용이 많이 들어서 걱정이에요. 다들 하고 있는데 우리 가게만 안하면 뒤처지는 것 같아서 불안하고요."

나는 걱정 붙들어 매시라고 하면서, 차근차근 e비서를 소개했다. 원장은 J보험설계사의 VIP 고객이라서 e비서에 대해 잘 알고 있었다.

"e비서는 전국적으로 13만 명의 위탁 고객을 확보하고 있습니다. 창원에만 8,000명 이상의 회원이 있지요. 많은 비용을 들여 불특정 다수에게 마케팅을 하는 것보다 e비서를 통해 저렴하게 e비서 회원과 위탁 고객들에게 홍보하는 게 낫지 않겠습니까? 방법은 간단합니다. 12만원 하는 에스테틱 상품을 고객 선물 상품권으로 만들어 주시면 e비서 메인 서비스로 입점시켜드리겠습니다."

원장은 좋은 제안이라고 긍정적인 반응을 보였다. 얼마 후 업체는 e비서에 입점했고, 기존 홍보 마케팅비의 30퍼센트만으로 고객들에게 뜨거운 반응을 이끌어냈다.

천안의 C한의원도 비슷한 경우다. L재무 설계사가 원장님을 도와드리고 싶으니 함께 방문해 홍보·마케팅을 도와 달라고 부탁해왔다. 한의원 원장님을 만나서 질문을 던졌다.

"한의원 프로그램 중에서 고객들이 가장 선호하고 재구매율이 높은 상품이 무엇입니까?"

원장님은 주저 없이 대답했다.

"다이어트 프로그램이 매우 인기가 높고 재구매율도 높습니다."
"그러면 제안을 하나 드리겠습니다. 저희 보험사 천안 지점에 근무하는 에이전트가 60명 정도 되고, 또 에이전트 한 명 당 보유·관리하는 고객이 최소 200명은 됩니다. 다 합하면 1만 2,000여 명이 됩니다. 제가 이 고객들에게 한의원을 소개해 드린다면 큰 도움이 되지 않겠습니까?"

원장님은 크게 반가워하면서 그게 가능하냐고 물었다. 그 자리에서 방안을 말씀드렸다.

"한의원에서 가장 인기 있는 다이어트 프로그램을 특화시켜 e비서 회원들에게 제공하겠습니다."

e비서가 단순히 한의원의 판매 대행 역할을 하고자 한 게 아니었다. 한의원을 e비서에 노출시키는 조건으로 VIP 고객이 한의원에서 무료로 혜택을 받을 수 있도록 하려 한 것이다. 이를 통해 고객이 125,000원 하는 다이어트 프로그램을 무료로 이용할 수 있게 되었다.

이런 식으로 영업자들이 소개해준 세컨드 아이템이 속속 입점하게 되었다.

e비서는 우리 회사의 이익만을 중심으로 비즈니스를 펼치지 않는다. e비서와 연결된 모든 사람들의 편의와 이익을 추구하고 있다. 구조적으로 보면 e비서는 '본사, e비서 매니저(사용자), 위탁 고객, 협력 업체'라는 네 가지 축을 가지고 있다. 이 축들은 어느 한쪽으로 기울지 않고 균형을 맞추고 있다. 4자의 이익을 모두 존중하는 윈윈 전략이 있었기에 e비서 매니저인 영업자들이 적극적으로 협력 업체의 입점을 주선해주었다. 덕분에 우리는 별도의 영업을 하지 않고서도 지금과 같이 다양한 세컨드 아이템을 갖출 수 있었던 것이다.

경기가 어렵고 실적이 없을수록
나의 이익에만 연연하기 쉽다.
그러나 이럴 때일수록
고객의 이익에 집중해야 한다.
어떤 영업 전략도 윈윈 정신을 포함하지 않는다면
롱런할 수 없다.

3

영업맨이여,
전지현을 따라잡아라

전지현은 결혼 전이나 지금이나 인기가 대단하다. 드라마〈별에서 온 그대〉에 등장했던 그녀의 치맥 먹방은 중국 대륙에 치맥 열풍을 몰고 오기도 했다. 요즘은 CF를 통해서 그녀의 위력을 유감없이 발휘하고 있는데, 그녀가 광고하는 제품들은 하나같이 베스트셀러가 되어 '전지현 효과'를 톡톡히 보고 있다.

전지현이 이처럼 변함없는 큰 인기를 구가할 수 있는 힘은 두말할 필요 없이 그녀의 폭넓은 팬층 덕분이다. 광적으로 그녀에게 몰입하는 팬층이 두텁기 때문에 그녀의 인기는 오랜 시간 불변할 수밖에 없는 것이다.

언뜻 보면 전지현과 영업은 아무런 연관이 없어 보인다. 하지만 한 꺼풀 벗기고 보면 전지현과 세일즈맨은 하등 다를 게 없다. 전지현은 자신이 출연하는 드라마나 영화는 물론 CF와 기타 행사를 팔아서 막대한 수입을 올린다. 세일즈맨 또한 상품을 발로 뛰면서 판매함으로써 수입을 올린다. 이렇게 말하고 나면, 그래도 그렇지 어떻게 대 스타와 일개 영업자를 동급으로 볼 수 있느냐고 반문할지 모르겠다. 그러나 둘 다 상품을 고객에게 팔아서 수입을 거둔다. 하나 다른 점이 있다면 전지현의 드라마, 영화, CF를 구매하는 고객은 '팬'이라고 불리고, 영업자의 경우는 그냥 '고객'에게 판다는 점이다. 때문에 전지현의 상품은 열광적인 팬들이 알아서 척척 구매하지만, 영업자의 상품은 당사자가 일일이 판촉 활동을 벌여야 한다. 이 차이는 어마어마하다.

그렇다면 영업자가 전지현처럼 고객을 팬으로 확보할 방법이 없을까? 만약 그렇게 된다면 고객 충성도가 높아짐에 따라 상품 판매 규모가 폭발적으로 향상될 게 뻔하다. 켄 블랜차드의 《열광하는 팬》에 따르면, 성공하는 기업이 되기 위해서는 고객을 팬으로 만들어야 한다고 한다. 그 방법은 다음과 같다.

첫째, 자신이 진정으로 원하는 것이 무엇인지를 결정하라

둘째, 고객이 무엇을 원하는지 알아내라

셋째, 하나를 더 주어라

최고의 고객 서비스를 제공하는 것을 자신의 비전으로 정한 후, 고

객이 원하는 것을 파악하여 고객의 비전과 자신의 비전을 일치시켜야 한다는 것이다. 이와 함께 고객이 원하는 것에 1퍼센트를 더 얹어주어야 열광하는 팬을 붙잡아둘 수 있다고 한다. 중요한 건 이러한 고객 관리와 서비스가 일회적인 이벤트로 그치면 안 되고, 지속되어야 한다는 것이다.

"일관성이 열광하는 팬을 만드는 데 중요한 열쇠가 되지요. 열광하는 팬이란 깨지기 쉬운 존재예요. 당신에게서 불만스러운 서비스를 한번이라도 받은 고객은 쉽게 당신을 믿으려 하지 않죠. 그런 고객들을 일방적으로 잡아끌기만 하면 반드시 저항할 거예요. 하지만 일관성은 그런 저항을 극복해낼 수 있게 하죠. 고객은 당신이 언제 일을 망칠지 노려보고 있는 매와 같아요."

이런 점에서 고객 관리 솔루션 e비서가 영업자의 고객을 열광하는 팬으로 만들어줄 툴이 될 수 있다. 지속적인 양방향 소통 채널을 통해 영업자가 원하는 비전과 고객의 비전을 일치시키는 것은 물론 다양한 세컨드 아이템으로 1퍼센트가 아닌 10퍼센트의 플러스 요소를 꾸준히 제공하는 것이 바로 e비서의 특징이기 때문이다.

대구에 소재한 P보험사 H라이프 플래너는 이 특징을 잘 활용하였다. 그가 젊은 부부를 상담할 때면 꼭 던지는 질문이 있다.

"부모님 건강검진은 주기적으로 해 드리고 있으세요?"

이 질문에 대개의 젊은 부부는 뜨끔해 한다.

"마음은 있는데, 형편이 좋지 않아 못해 드리고 있습니다."

이 답변에, 라이프 플래너가 다시 질문을 한다.

"그럼, 제가 두 분을 만난 기념으로 아버님 건강검진을 해 드리고 싶은데, 괜찮으신가요? 제가 K검진센터와 제휴가 되어 있기 때문에 큰 부담 없이 도와 드릴 수 있습니다. 부모님께 이보다 좋은 선물도 없을 것 같네요."

그러면, 고객들이 말한다.

"그런 귀한 선물을 받아도 될지 모르겠네요."
"결코 부담스러운 게 아니니 염려하지 않으셔도 됩니다."

이후, 라이프 플래너는 젊은 부부의 동의를 받아 K검진센터에 검진 예약을 하고 병원에서 고객의 아버님이 검진을 받는 동안 친절하게 안내해 드리고 식사 대접 후 귀가까지 시켜 드린다. 물론 H라이프 플래너는 e비서를 통해 K검진센터의 검진 혜택을 고객에게 준 것이다. 이렇게 되면 해당 고객은 열렬한 팬의 마음을 가진 충성 고객이 되는 것은 물론 자발적으로 지인에게 입소문까지 내준다. 어쩌면 고객은 자신보다 소중한 가족에게 혜택을 주는 것에 감동을 받고, 자발적으로 H라이프 플래너의 든든한 팬이 된 것일 것이다.

첫째, 자신이 진정으로 원하는 것이 무엇인지를 결정하라
둘째, 고객이 무엇을 원하는지 알아내라
셋째, 하나를 더 주어라
그렇게 하면 고객은 열광하는 팬이 되어줄 것이다.

4

양방향 소통이
지갑을 열게 한다

2010년 남아공 월드컵에서 한국은 최초로 원정 월드컵 16강의 쾌거를 이루어냈다. 허정무 감독이 대표 팀을 맡고 초기에는 실망스러운 경기력을 보여 '허무 축구'라는 비난을 들어야 했다. 그럼에도 불구하고 그는 소신껏 팀을 이끌어 갔다. 그가 믿고 의지할 수 있는 건 선수뿐이었다.

그는 선수들에게서 긍정적 에너지를 끌어내기 위해 소통을 중시했다. 대표 팀 주장을 결정할 때는 고참 선수인 이영표와 이운재에게 의견을 물어보았다.

"아무래도 고참이 주장으로 후배들을 이끌어가야겠지?"

그러자 두 선수가 똑같은 답을 했다.

"그렇지 않습니다. 리더십은 나이로 생기는 게 아니잖아요. 후배들은 저희보다 박지성을 경외의 대상이자 롤모델로 삼고 잘 따르고 있습니다. 그러니까 당연히 박지성이 주장이 되어야 합니다."

이러한 양방향 소통을 통해 대표 팀 주장을 박지성으로 결정했다. 이 것만이 아니다. 대표 팀 스타팅 멤버를 뽑을 때도 선수들의 의견을 자유롭게 받았다. 어떤 것도 일방적으로 결정하지 않았다. 이러한 소통 리더십이 선수들의 잠재력 발휘를 극대화시켰고 마침내 월드컵 원정 첫 16강 진출을 이루어내는 원동력이 되었던 것이다.

양방향 소통은 비즈니스에서도 매우 중요하다. 특히 현장에서 고객을 상대하는 영업팀에서 상사와 부하 직원 간의 원활한 소통은 필수적이다. 소통이 잘되면 잘될수록 성과가 높아지는 건 불을 보듯 뻔하다. 수평적 소통이 기업 조직원의 자긍심과 사기를 높임으로써 매출을 향상시킨다. 반대로 불통 장애를 앓는 기업은 각 부서와 직원들이 각기 따로 놀게 되어 유기적이고 통일적인 경영을 하기가 어려워진다.

내가 존슨앤존슨을 그만두게 된 원인도 알고 보면 소통의 부재 때문이었다. 어느 날 회사 CEO의 아버님이 돌아가셔서 선배와 함께 문상을 갔다가 놀라운 소식을 전해 들었다. 존슨앤존슨 아시아 본부에서 한국 지사 축소 방안을 내놓았고 곧 구조조정이 있을 것이라고 했다.

어째서 땀을 흘리며 일한 우리 영업 직원들이 쫓겨나야 하는지 납득할수 없었다. 다들 분노로 얼굴이 일그러졌다. 선배가 말했다.

"실적이 저조하니까 구조조정을 하는 거겠지. 근데, 왜 우리가 나가야 하냔 말이야. 실적이 저조한 건 사업 기획과 회사 경영이 잘못되었기 때문이니까 그 책임을 지고 경영진이 물러나야지, 안 그래? 그냥 가만히 있어서는 안 돼."

나중에 알고 보니, 영업부 직원 4분의 3이 구조조정 대상자였다. 신입사원인 나도 명단에 올라 있었다. 나는 경쟁사로부터 러브콜을 받고있는 상태였기에 큰 불안이 없었지만, 이대로 그냥 방관하고 싶지는않았다. 동료들과 끝까지 함께하고 싶었다.

회사에 크게 배신감을 느낀 영업부는 행동에 돌입했다. 단독으로 회사 경영진의 문제와 회사의 실태 그리고 구정조정의 부당함에 대한 문서를 작성해 본사에 보냈다. 본사에서 영업부의 충정을 받아주길 바랐던 것이다. 그러나 돌아온 결과는 더 참혹했다. 최소의 인원만 남기고영업부 직원들이 대대적으로 해고되었다. 전체 직원 모두 본사 책임자와 면담을 하게 되었는데 이때 대다수의 직원이 영어 소통이 어려워내가 계속 배석하여 통역을 담당했다. 나 또한 본사 직원과 면담하는자리가 마련되었다.

"한국 지사는 잠정 폐쇄하고 당분간 연락 사무소로 유지할 계획입니다. 그래서 최소의 인원이 남아서 본사와 연락을 취해야 하는데, 당신이 그 일을 맡아주십시오. 함께할 직원은 당신이 직접 뽑으세요."

사실상, 나에게 한국 연락 사무소 대표를 맡기겠다는 제안이었다. 솔직히 믿어주고, 기회를 주는 본사 책임자에게는 고마웠지만 동시에 고민이 되었다. 직장이 없이 길바닥으로 내몰린 한 동료의 얼굴이 떠올랐다. 나는 그 자리를 동료에게 돌아가게 해야겠다고 마음먹고 제안을 받아들이지 않았다. 그리고 그간 영업부 직원들이 얼마나 열심히 일해왔는지를 피력했다. 그러자 얼마 후 변화가 생겼다. 훨씬 많은 직원들이 회사에 남을 수 있게 된 것이다.

시간이 흐른 후 그 시절의 최고 경영자와 직원 모두가 한자리에 모일 기회가 있었다. 예전 대표가 뜻밖의 말을 했다.

"내 책임이 큽니다. 당시 나는 가급적 많은 직원을 남기기 위해 본사와 물밑 협상을 벌이고 있었어요. 또 회사를 떠나게 되는 직원의 재취업을 위한 플랜 B도 계획하고 있었고요. 그게 다 무산되고 말았어요. 무엇보다 내 경영 능력이 부족한 탓이겠지요. 거기다가 영업부에서 본사에 보낸 이메일도 안 좋은 영향을 미쳤어요. 본사에서는 한국 지사가 경영진과 직원들 사이에 내분이 생겨서 파국으로 치닫고 있다고 본 거에요. 그래서 대대적인 정리 해고 처방을 들고 나온 거죠."

긴 탄식이 절로 나왔다. 오해가 생겼던 것이다. 영업부에서는 경영진을 불신해서 단독 행동을 했고, 경영진은 영업부와 허심탄회한 대화의 채널을 열지 않았던 것이다. 이로 인해 본사는 정리 해고에서 더 나아가 한국 지사를 없애는 극단의 수를 내었던 것이다. 양방향 소통이 잘 이루어졌다면 그런 가슴 아픈 일은 생기지 않았을 것이다.

현재, e비서의 실질적인 영업자는 1,600명이 넘는 e비서를 사용하는 세일즈맨들이다. 이들은 e비서 솔루션의 혜택을 보고 있는 고객이자, 전국을 무대로 e비서를 홍보하는 고마운 파트너들이다.

세일즈맨 출신인 나와 그들 사이에는 끈끈한 유대가 형성되어 있다. 대부분 비즈니스로 인연을 맺게 되었지만, 일단 만남을 시작하면 공·사를 구분하지 않고 인간적으로 허심탄회하게 교류를 이어가고 있다. 선배 세일즈맨으로서 그들의 요청이 있으면 언제든지 내 경험담과 노하우를 아낌없이 들려준다. 그들의 경조사도 빠지지 않고 챙기려고 노력한다. 비즈니스 관점에서 보면 필요 이상으로 많은 시간과 정열을 투자하는 셈이다. 하지만 그렇게 해서 그들과 지속적인 소통이 가능해진 것이다. 그래서인지, e비서를 사용하는 영업자들은 부담 없이 나를 형이나 선배라고 불러주며 하루가 멀다 하고 새로운 고객을 추천해주고 있다.

《존 맥스웰의 큐티리더십》에서는 리더의 의사소통 방식이 해당 조직 구성원들의 의사소통에 영향을 끼친다고 한다. 때문에 소통은 일관되게, 분명하게, 정중하게 하라고 주문한다. 이와 함께, 비즈니스와 개인적 관계에서 효과적으로 소통을 잘하기 위해서는 다음 네 가지를 준수하라고 한다.

첫째, 메시지를 단순하게 만들라. 거창한 말이나 복잡한 말을 피해야 한다.

둘째, 상대를 이해하라. 상대의 입장에서 상대가 원하는 것을 간파해야 한다.

셋째, 진실을 보여라. 신뢰감을 줄 수 있어야 한다.

넷째, 반응하게 하라. 소통의 궁극적 목적은 행동이므로 실행하게 해야 한다.

고객의 마음을 여는 의사소통을 원한다면
네 가지를 기억하자.

첫째, 메시지를 단순하게 만들라.
둘째, 상대를 이해하라.
셋째, 진실을 보여라.
넷째, 행동하게 하라.

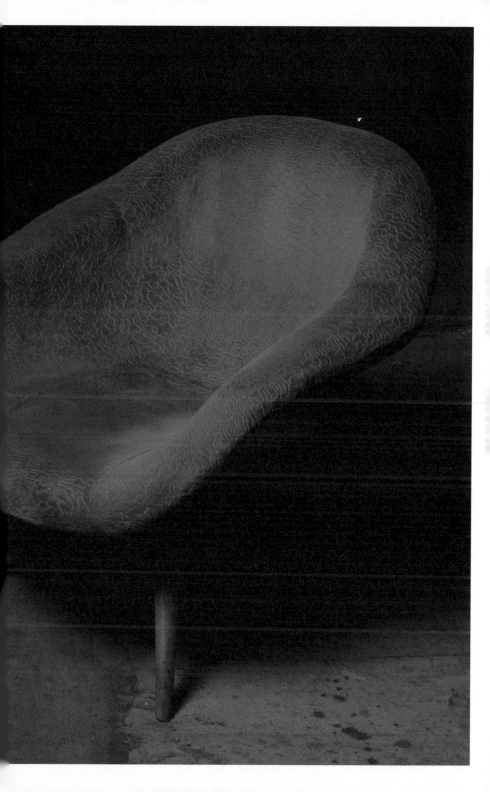

5

최고 성과를 내는
FIASBAF 대화법

자투리 시간에 나는 치과를 자주 방문한다. 나는 고객과 일대일로 대면해 영업을 하거나 여러 사람을 대상으로 한 프레젠테이션을 밥 먹듯이 하기 때문에 특히 치아 건강에 신경을 쓴다. 고객에게 호감 가는 인상을 주고 정확하고 듣기 좋은 음성을 내기 위해서이다.

치과는 내게 피트니스센터처럼 익숙한 곳이다. 그런데 이상하게도 피트니스센터는 한 곳을 정해 꾸준히 다니지만, 치과는 그렇지 않았다. 집과 회사 근처 그리고 출장을 가는 지역 인근에서 그때그때 다른 치과를 찾아가고 있다. 만약 내가 한 치과를 계속 다녔다면 아마도 VIP 고객이 되고도 남았을 것이다. 내가 특정 치과의 단골이 되지 않는 이유는 간단한다. 내가 방문한 후에 사후 관리가 없었기 때문이다.

'치과도 고객 관리를 해서 다양한 혜택과 서비스를 준다면 얼마나
좋을까?'

이런 생각이 절로 들었다. 때마침, 서초구의 P치과 원장님과 미팅을
하게 되었다. 만남 전에 시장조사를 해 보니, 치과 경영이 예전만 못하
다는 걸 알 수 있었다. 서초구의 경우 새로 들어서는 신규 치과보다 폐
업하는 치과가 더 많다는 통계가 있었다. 다들 호텔 수준을 능가하는
인테리어와 최신 의료 장비를 갖추고 공격적으로 홍보와 마케팅을 벌
이고 있다. 그러나 체계적인 프로그램으로 고객 관리를 하는 치과는
찾아보기 힘들었다. 방대한 인적 데이터를 보유하고 있음에도 사후 관
리를 전혀 하지 않고 있는 실정인 것이다.

P치과는 고급스러운 인테리어와 친절한 직원이 인상적이었다. 직원
의 안내에 따라 원장실로 들어갔다. 병원장님이 편안한 미소로 직접
고급 원두커피까지 내려주었다. 나와 마주한 병원장님이 쉽게 속내를
드러내지 않았다.

"내가 여기 토박이어서 인맥이 굉장히 많습니다. 그래서 한동안 치
과가 잘 운영되어 왔죠."

나의 설득 비밀 병기 'FIASBAF 대화법'을 꺼내들었다. FIASBAF

대화법은 순서대로, fact(사실), issue(이슈), amplification(증폭), ·
solution(솔루션), benefit(혜택), advantage(상대적 이익), future(미래)
의 화제로 대화를 이끌어가는 방법이다.

첫 번째, '사실'에서부터 시작했다.

"요즘, 경기가 많아 안 좋아졌습니다. 제가 다양한 업계의 대표님들
을 만나다 보니 피부로 느낄 수 있습니다. 다들 투자를 삼가고 몸을
사리고 있더라고요. 치과도 예외는 아니겠죠?"

병원장님이 말했다.

"물론 그렇죠. 가정의 수입이 적어지면 치과에 드는 비용을 줄이기
마련이죠. 1년에 서너 번 오던 분이 요즘은 2~3년에 한 번 오고 있어
요. 그리고 생활에 큰 지장이 없으면 문제가 있는 치아도 그래도 방
치하는 경우가 많습니다."

자연스럽게 두 번째 '이슈'를 꺼냈다.

"저도 그렇습니다. 아무래도 수입이 적어지니까 고객 반응이 떨어지
는 것 같아요. 듣기론 치과가 많이 몰려 있는 서초구의 경우 문제가
심각하다고 하던데요. 제가 아는 모치과도 얼마 전에 폐업을 했습니
다. 제가 전에 병·의원 대상 자산관리사를 했기 때문에 이곳에 아는

치과 병원장님이 많습니다. 상당히 많은 분이 다른 곳으로 이전을 계획하거나 병원 축소를 고려하고 계시더라고요."

병원장님의 얼굴에 근심 어린 표정이 드리웠다. 병원장이 긴 한숨을 토해내면서 입맛을 다시며 말했다.

"이 대표님, 촉이 빠르군요. 실은 그래서 대표님에게 도움을 받고 싶어서 미팅을 하게 된 거예요."

병원장님이 기대에 찬 얼굴로 나를 바라보았다. 세 번째 '증폭' 차례였다.

"지금 이대로는 곤란합니다. 기존의 홍보·마케팅 정책으로는 지금의 위기를 모면하기 어렵습니다. 홍보는 아무래도 의료광고법의 제약이 있다 보니 한계가 있고요. 서초구에 있는 치과들이 제 살 깎아 먹기 식 가격 경쟁을 벌이다고 보니 경영이 크게 악화되고 있는 걸로 알고 있습니다. 원장님 병원도 예외가 될 수 없겠지요. 외람된 말씀이지만, 이런 상황에서는 폐업 치과가 결코 남의 얘기가 될 수 없어요. 원장님, 바짝 긴장하시고 마지막 기회라는 생각으로 특단의 조치를 취해야 합니다."

병원장님이 바짝 긴장하는 표정이 역력했다. 커피를 한 모금 마시고 나서 말했다.

"이 사거리만 해도 올해 벌써 두 곳이 문을 닫았어요. 문제는 경쟁 치과가 없어지면 우리 치과가 반사이익을 얻어야하는데 현실을 그렇지 않다는 거예요. 고객이 다들 지갑을 닫고 있어서 그래요. 요즘 상황에서는 내가 살아남게 될지, 아니면 나마저 문을 닫게 될지 알 도리가 없어요. 막대한 홍보·마케팅 비용을 들여서 겨우 유지하고 있는 입장입니다. 올해는 이런 식으로 어떻게 버텨 볼 수 있겠지만 내년이 걱정이에요. 내년에도 수입 대부분이 홍보·마케팅 비용으로 들어가게 된다면 견뎌내기 힘들 거예요. 나도 마음의 준비를 해야겠지요."

'마음의 준비'라는 말에서 그의 목소리가 가늘게 떨렸다. 원장님은 위기 상황에 대해 통감하고 있었다. 한때 무엇 하나 부러울 게 없이 촉망받는 강남의 유명 치과 병원장이 하는 말이었다. 믿기 어려웠지만, 현실이 그러했다.

먼저, e비서 제안서를 병원장님 앞에 펼쳤다. 그러고 나서 최대한 편안한 목소리로 네 번째 '솔루션'을 제시했다.

"병원장님, 걱정 붙들어 매십시오. 이미 여러 병·의원 원장님은 물론 중소기업 대표님이 선택한 솔루션 e비서가 있습니다. 저렴한 비용으로13만 명의 e복지 및 e비서 고객을 대상으로 치과를 홍보하실 수 있습니다. 보시다시피 e비서는 기본적으로 양방향 소통을 전제로 해

지속적으로 치과와 고객이 교류할 수 있습니다. 이를 통해, 별도의 홍보·마케팅을 하지 않고서도 고객들의 재방문율이 높아지는 것은 물론 고객이 자발적으로 입소문을 내게 됩니다.

병원장님은 내 말을 경청하면서, 제안서를 훑어보았다.

"변호사나 세무사 자문도 무료로 받을 수 있고 또 책도 배송비만 내면 매월 받을 수 있네요. 치아 스케일링 이용권, 문화 공연 초대권에 커플 사진 촬영 30만 원 상품권, 콘도 회원 이용권, 웨딩 50만 원 상품권 등 없는 게 없네요."

계속해서 다섯 번째 '혜택'을 말했다.

"e비서를 도입하게 되면 원장님 치과의 이미지와 브랜드 가치가 크게 향상하게 됩니다. 원장님의 치과가 고객들로부터 스타 대접을 받게 된다고 생각해 보세요. 얼마나 신나는 일이겠습니까?"
"그렇게 된다면 얼마나 좋겠습니다."

다음은 여섯 번째 '상대적 이익'이었다.

"현재, e비서를 제외하고 고객을 팬으로 만드는 것을 목표로 하는 고객 관리 솔루션이 전무합니다. 그래서 e비서를 도입하게 되면, 이 사거리는 물론 서초구 전역에 걸쳐 타 치과와의 커다란 차별화를 거둘 수 있습니다. 이렇게 해서 서초구에서 이 치과는 '보랏빛 황소'가 되어 고객들이 모두 알아볼 수 있게 됩니다."

병원장님의 얼굴에 조금씩 여유가 묻어났다.

"홍보·마케팅의 최종 목표가 누런 소 가운데에서 보랏빛 황소가 되는 거죠. 그게 말처럼 쉬운 일이 아닌데 e비서가 도움이 될 수도 있겠네요."

마지막으로 '미래'였다.

"좋은 말씀하셨습니다. 병원장님과 함께 제가 소망하는 게 모든 e비서 고객사가 보랏빛 소가 되는 겁니다. 병원장님, 그렇게 된다면 업계 1위는 당연하지 않겠습니까?"
그러자 병원장님이 덥석 내 손을 움켜쥐었다.

"이 대표님, 고민거리가 한방에 해결될 수 있을 것 같습니다. 대표님과 함께하고 싶습니다."

이렇듯 'FIASBAF'의 효과가 대단했기에 늘 좋은 성과를 낼 수 있었다. e복지 영업 상담을 할 때도 마찬가지로 주효했다. 가령, 모 중소기업과의 상담을 간략하게 소개하면 이렇다. Fact - 요즘 경기가 안 좋죠? Issue - 기업체가 복지 예산을 크게 줄이는 게 현실입니다. Amplifying - 문제는 급여도 적고 처우와 복지도 좋지 않으면 직원의 생산성이 떨어질 뿐만 아니라 이직률도 높아진다는 겁니다. Solution - e복지가 최저 비용으로 문제를 한방에 해결해 드립니다. Benefit - 직원들의 만족도와 충성도가 높아짐에 따라 일에 대한 몰입도가 높아지게 됩니다. Advantage - 경쟁사와 차별화된 복지 프로그램 때문에 회사 매출이 극대화됩니다. Future - 궁극적으로 귀사가 목표하는 비전에 한발 다가설 수 있습니다. 이렇게 해서 그 기업과 e복지 계약을 체결할 수 있었다. 나는 미팅에 앞서 늘 특급 병기 'FIASBAF 대화법'을 가슴에 품고 고객의 마음을 겨냥할 준비를 한다.

FIASBAF 대화법은 순서대로, fact(사실), issue(이슈),
amplification(증폭), solution(솔루션), benefit(혜택),
advantage(상대적 이익), future(미래)의 화제로
대화를 이끌어가는 방법이다.

6
3미터만
더 파라

미국 골드러시 시대에 더비라는 사람이 부푼 꿈을 안고 서부로 향했다. 곡괭이와 삽을 들고 서부 곳곳을 파헤친 끝에 광맥을 발견한 그는 거금을 모아 채굴 장비를 마련한 후 다시 돌아왔다. 채굴을 하자 투자금을 모두 회수할 정도로 많은 금광석이 쏟아졌다.

"이제 나는 부자야!"

기쁨도 잠시였다. 그가 흥분에 사로잡힌 채 계속해서 아래로 파내려가자 금 조각이 하나도 나오지 않았다. 처음 채굴한 것이 전부였던 것이다.

"뭐야. 이제까지 고생한 결과가 겨우 이것뿐이야? 그동안 이곳에 쏟아 부은 내 청춘이 아깝다. 그래도 투자금을 회수했으니 이것으로 그만 끝내는 게 좋겠어."

그는 고가의 채굴 장비를 고물상에 팔아치우고 고향으로 돌아갔다. 채굴 장비를 구입한 고물상이 혹시나 하고 광산을 조사해 보았더니, 단층이 문제였다. 금광석은 더비가 포기한 곳에서 3미터 아래 지층에 있었던 것이다. 고물상은 막대한 양의 금광맥을 발견하여 억만장자가 되었다.

만약, 더비가 포기하지 않고 3미터만 더 파내려갔다면 어떻게 되었을까? 그는 금광맥을 찾기 위해 오랜 시간을 보냈고, 또 3미터의 몇 백배가 되는 깊이를 파 내려가며 피와 땀을 바쳤다. 그런 그가 마지막에 겨우 3미터를 남기고 희망을 접어버렸다. 그 결과 엉뚱한 사람에게 행운을 넘겨 버리고 만 것이다.

오랜 세월 현장에서 사람을 대하면서 영업을 해온 나에게 특히 중요한 건 포기하지 않는 자세다. 경력이 짧은 영업자일수록 세일즈를 쉽게 단념하는 경향이 있다. 영업자가 공을 들여온 만큼 고객의 마음도 조금씩 움직이기 마련이다. 어쩌면 불과 3미터 정도만 고객에게 더 다가간다면 고객이 상품을 구매했을지 모른다. 그런데 대부분의 영업자들은 그 3미터를 앞에 두고 번번이 포기하고 만다. 그래서 1퍼센트의 사람만이 성공의 왕관을 쓰게 된다.

이는 16만 명의 고객에게 멤버십 혜택을 주기 위해 추진하는 e비서의 기업체 제휴에서도 마찬가지다. e비서의 경우 기업체 제휴는 제2의 영업이나 다름없다. 따라서 해당 업체 관계자와 제휴 상담을 하게 되면 언제나 영업의 기본으로 돌아가야 한다.

몇 해 전 일이다. e비서는 다양한 제휴 업체들이 입점해 홍보를 하고 고품질의 혜택을 10만여 명의 고객들에게 선사해주는 솔루션으로 자리 잡고 있었다. 그런데 금융 상품을 제공해주는 업체가 없어서 아쉬움이 많았다.

누구나 돈 걱정 없이 행복하게 살고 싶어 한다. 애석하게도 그렇게 살 수 있는 건 극소수이고 대부분은 평생 돈 걱정하면서 아등바등 살 수밖에 없다. 그래서 은행과 제휴를 해서 회원들에게 가산 금리 상품을 선물하고 싶었던 것이다.

e비서 회원들의 행복한 얼굴을 떠올리며 국내에서 가장 큰 K은행을 찾아갔다. 다짜고짜 은행 관계자를 만나게 해 달라고 요청한 끝에 미팅을 할 수 있었다. 그에게 준비한 자료를 보여 주면서 e비서 고객 관리 플랫폼에 등록한 10만여 명의 회원들에게 가산 금리 상품을 제공해주는 제휴를 부탁했다. 그가 달갑지 않은 듯한 반응을 보였다.

"이보세요. 난 대기업 담당자가 아니면 상대도 하지 않아요. 어디서 듣도 보도 못한 회사 대표가 와서 제휴를 하자고 하는 겁니까? 우리가 그렇게 만만하게 보입니까?"

"그게 아닙니다. 전 최고의 은행과 제휴하고 싶어서 찾아온 겁니다.

우리 회원들에게 최고의 상품을 제공하고 싶은 마음에서요."

그날은 문전 박대 당하지 않은 걸 다행으로 여겨야 했다. 용건만 간단히 말하고 쫓기듯 빠져나왔다. 그때 나는 수많은 영업 경험을 떠올리면서 지금부터 시작이라고 마음을 다잡았다.

이후 제1금융권의 은행들을 찾아다녔다. 20군데 정도 시도해 보았지만 번번이 내부 방침에 따라 제휴가 불가하다는 답변이 돌아왔다. 어느 무더운 여름 날 모 은행 로비를 나올 때는 정말 내 자신이 싫어질 정도로 괴로웠다. 내 생각과 달리 e비서를 바라보는 금융권의 시선이 무척이나 냉담했다. 미팅을 할 자격조차 없는 회사로 취급받는 느낌을 받았다.

'e비서 회원에게 가산 금리 서비스를 제공하는 것은 나의 백일몽일 뿐인가?'

제1금융권과의 제휴가 힘들어짐에 따라 불가피하게 제2금융권을 알아보기로 했다. 불안하기는 했지만 국가가 원금 5,000만원까지 보장해주는 제도가 있었기 때문에 그 범위 내에 추진하기로 했다. S저축은행, H저축은행, D저축은행 등을 대상으로 수개월 동안 제휴를 추진한 결과 긍정적인 답변이 나왔다. 이렇게 해서 한 은행과 정식 서비스 제휴 계약 체결을 앞두게 되었다.

그러던 중 제2금융권의 부실에 대한 뉴스가 봇물 터지듯 쏟아져 나왔다. 이렇게 이미지가 좋지 않은 제2금융권과 제휴를 하면, 회원들에게 외면받을 가능성이 컸다. 고민이 됐다. 다행히 제휴 계약을 앞둔 은행은 여러모로 재정이 안정적이어서 부도 위험은 없어 보였다. 하지만 신중한 선택을 내려야했다. 제휴로 인해 발생할 회사와 회원들의 이득과 회사가 짊어져야할 막중한 위험부담 사이에서 생각에 생각을 거듭했다. 그 결과 제2금융권과 제휴를 하지 않기로 했다. 회원 자산의 안전이 제일 우선이기 때문이다.

그래도 포기할 수 없었다. 다시 그간 접촉했던 제1금융권 관계자들의 명함을 살펴보았다. 그 가운데에서 면담 때 감이 좋았던 한 분에게 전화를 걸고, 미팅 약속을 잡았다. 그분은 남대문에 소재한 S은행 제휴 담당 책임자였다. 이때부터 마지막이라는 심정으로 한 우물을 파듯이 그곳에 집중했다.

시간이 지나도 성과가 나오지 않았다. 그렇게 친절하던 그분도 내가 자주 찾아가 매달리자 성가신 듯 미팅을 취소하기 시작했다. 어느 날은 내가 방문하는 시간에 맞추어 자리를 비우기도 했다. 눈치로 파악할 수 있었다. 은행에 있는 모든 직원들이 나를 보고 수군대는 것 같아 창피했다. 밖으로 나오면서 속에서는 스멀스멀 화가 치밀어 올랐다.

'이렇게 공을 들이는 데 서로 좋은 걸 왜 안하느냐 말이야. 대체 뭐가 잘못된 거야. 영업자로서 내 자질에 문제가 있는 건가?'

솔직히 포기하고 싶었다. 하지만 이내 분노와 좌절감과 수치심을 속으로 삭히고 오로지 e비서 고객 삶의 질을 높이겠다는 일념 하나만을 가슴에 품었다. 은행 입장에서도 e비서와의 제휴는 도움이 되면 됐지 결코 손해나는 일이 아니었다. 그다음 주에 다시 여느 때와 다름없이 말끔한 정장 차림으로 담당 책임자를 찾아갔다. 이후로 몇 주 더 은행에 매달렸다. 6개월이 되어 가던 어느 날 담당 책임자가 나에게 차를 권하면서 말했다.

"정말 끈질긴 분이시군요. 우리 은행 VIP 고객 부서에 대표님 같은 직원이 있으면 좋겠어요. 내가 이곳에서 18년 일하는 동안 대표님처럼 집념이 강한 분은 처음입니다. 대표님도 10만여 명의 회원을 확보한 번듯한 벤처기업 CEO인데, 낮은 자세로 제휴를 요청해오는 걸 차마 모른 척하기 힘들군요."

이렇게 해서 S은행과 제휴를 맺게 되었고, 회원들에게 가산 금리의 예금과 적금 상품을 제공해줄 수 있었다. 그가 제휴를 결정한 건 내 제안이 마음에 들어서일까? 아니면 내가 그만 찾아왔으면 해서일까? 아직도 나는 알지 못한다. 하지만, 다들 끝났다고 할 때 한 번 더 시도했고 그 결과 제휴 계약을 따낼 수 있었다.

한 피트니스센터 네트워킹 회사와 제휴를 할 때도 그랬다. 대개의 피트니스센터는 6개월이나 12개월 단위로 결제를 하고 또 개인적인 사정으로 그만둘 경우 환불해주지 않는다. 이러한 업계 관행으로 인해 나도 피해를 입은 적이 있다. 회사 인근 피트니스센터에 등록을 했다가 회사가 이전하면서 해지를 요청했으나 환불을 받지 못했다. 피트니스센터를 다니는 분들 중 이런 피해를 입은 사례가 많을 것이다.

e비서 회원들에게 보다 합리적인 건강 서비스를 제공하기 위해 피트니스센터를 물색하던 중에 T사를 알게 되었다. 그곳은 매월 결제를 하고 또 한 장의 회원 카드로 전국 400여 개의 지점을 자유롭게 이용할 수 있었다. 내가 찾던 곳이었다.

그런데 그곳은 대기업이 아닌 e비서의 제휴 제안을 받아들이지 않았다. 대기업 직원들이 다닌다는 고품격 이미지를 지켜가고 싶다고 책임자는 말했다. 쉽게 결판나기 어렵다고 생각한 나는 시간을 두고 지속적으로 방문 면담을 하기로 했다. 네다섯 번 계속해서 방문했지만 거절을 당했다. 그런 와중에서 기회가 왔다. 글로벌 기업인 덴마크 회사 C사가 e비서를 고객 관리 솔루션으로 도입하게 된 것이다.

여섯 번째 찾아 갔을 때는 내 입장이 전과 달랐다. 덴마크 회사 C사가 회원이 되면서, e비서의 브랜드 가치가 높아졌기 때문이다. 이런 점을 잘 피력하고 또 사회적 약자를 껴안는 차원의 서비스를 제공하자는 제안을 하자. T사 대표가 고개를 끄덕였다. 결국 T사 대표는 e비서와 협약을 확정했다.

한두 번 제안을 전달하는 것과 일관되게 십여 차례 제안을 하는 것은 천지 차이다. 후자의 경우 메시지에 강렬한 화기가 더해지게 된다. 따라서 상대방이 의식적으로는 아무렇지도 않게 제안을 거부할 지라도 무의식에서는 서서히 제안에 반응하게 된다. 이렇게 해서 '3미터 더 땅파기'처럼 계속해서 제안을 반복하면 결국 상대방은 마음의 문을 열게 된다. 물방울 하나는 우습지만, 지속적으로 한 지점에 떨어지게 되면 물방울이 바위도 뚫을 수 있는 것처럼 말이다.

한두 번 제안을 전달하는 것과
일관되게 십여 차례 제안을 하는 것은 천지 차이다.
후자의 경우 메시지에 강렬한 화기가 더해지게 된다.

7

한 명의 고객도
놓치지 말라

지방 출장을 다녀온 다음날 회사 근처 헤어숍에 들렀다. 한 달 내내 빠듯한 스케줄로 출장을 다니다 보니, 머리 손질을 제대로 하지 못했다. 유명 브랜드 헤어숍을 찾아갈 시간적 여유가 없었기에 눈에 띄는 곳으로 들어갔다. 손님이 없어서 기다릴 필요가 없어 속으로 쾌재를 불렀다.

그런데 그 다음부터 영 기분이 좋지 않았다. 고객이 들어섰는데도 직원은 누군가와 통화를 하면서 잠깐 기다리라고 하지 않는가? 거기다 전화를 끊고 나서는 바닥에 머리카락이 어지럽게 널려 있는 좌석에 앉으라고 했다. 이곳에 손님이 뜸한 이유를 알 것 같았다. 이런 식이라면, 50퍼센트 할인, 아니 공짜라 해도 다시 오기 싫어질 듯했다.

머리를 맡기고 고객 서비스에 대한 생각에 잠겼다. 비즈니스와 영업을 하는 사람이라면 누구나 고객 서비스를 외치지만, 한 명의 고객쯤이야 하고 고객 한 명의 중요성을 망각하기 쉽다. 한 고객이 평생 기여하는 금전적 가치를 나타내는 고객생애가치Customer Lifetime Value라는 말이 있다. 예를 들면, 내가 G헤어숍에 한 달에 한 번 2만원짜리 커트를 하러 방문하면 1년에 그 헤어숍은 24만원을 벌게 되는데, 이게 30년 유지된다면 720만원의 수입을 올리게 된다. 여기에다 내가 지인 10명에게 추천할 경우, 자그마치 7,200만원의 수익이 발생한다. 이처럼 고객 한 명의 가치는 대단히 중요함에도 불구하고 그 헤어숍은 나를 홀대함으로써 억대 수익을 날려버렸다.

마이클 레빈의 《깨진 유리창 법칙》에 따르면, 한 명의 고객이 겪은 불친절한 고객 대응 서비스, 완전하지 않은 상품, 사용하기 불편한 사이트 등의 사소한 문제가 기업의 위기를 불러올 수 있다고 말한다. 한 명의 고객이 가진 불만이 곧 '깨진 유리창'인데, 이를 무심코 방치함으로써 기업 전체 매출에 악영향을 미친다는 것이다. 때문에 사소하지만 치명적인 깨진 유리창은 반드시 수리해야하는데 깨진 유리창의 특징은 다음과 같다.

1 사소한 곳에서 발생하며 예방이 쉽지 않다. 남(고객)의 눈에는 잘 띄지만 당사자(기업 혹은 임직원)들에게는 잘 보이지 않아 무심코 지나치고 만다.

2 문제가 확인되더라도 소홀하게 대응한다. 깨진 유리창을 발견한다 해도

'그 정도쯤이야'라며 대부분 심각하게 생각하지 않는다. 그러다 큰 봉변을 당하고 만다.

3 문제가 커진 후 바로잡으려면 몇 배의 시간과 노력이 필요하다. 깨진 유리창이 입소문을 통해 퍼진 후에는 이미지에 크나큰 타격을 입는다. 초기에 빠르고 적절한 대응을 하지 못하면 미래가 불투명해진다.

4 투명 테이프로 숨기려 해도 여전히 보인다. 깨진 유리창에 대한 임시방편의 조치나 부적절한 대응은 오히려 기업에 더 나쁜 영향을 주게 된다. 진심이 담긴 수리만이 살길이다.

5 제대로 수리하면 큰 보상을 가져다준다. 남들이 보지 못하는 깨진 유리창을 수리하면 새로운 시장을 개척할 수 있다. 고객들에게 긍정적인 브랜드 이미지를 심어줄 뿐만 아니라 수익 면에서도 큰 이익이 날 수 있다.

나도 깨진 유리창을 잘 수리하지 못해 낭패를 본 일이 있다. 몇 년 전 순천에서 한번에 13명의 고객과 계약하는 쾌거를 이뤄낸 적이 있다. 회사에서 출발해 김포공항에서 비행기에 올라 여수공항에 내린 후 약속한 M보험사까지 가는 데만 총 4시간이 걸렸다. 멀리 날아온 만큼 좋은 성과를 내려고 최선을 다해 e비서에 대한 PT를 했다. 그 결과 그곳에 있던 재무 설계사 13명이 계약을 신청했다. 고생한 만큼 보람이 있었다. 여기까지는 좋았다.

그런데 이틀 후 13명이 동시에 계약 철회를 요청했다. 이때까지 단한 번도 없었던 일이었기에 무척 당황스러웠다. 대체 무엇이 문제인지 궁금한 나는 M지점의 선임 설계사에게 전화를 걸었다. 그러자 뜻밖의 이야기가 나왔다.

"저희 지점에서 e비서를 신청한 한 설계사가 다른 지역의 동기와 통화하는 과정에서 e비서를 쓰고 있는 동기로부터 안 좋은 얘기를 들은 모양입니다. 대표님 말보다는 아무래도 가까이에 있는 사람의 말을 더 신뢰하게 되잖아요. 그날 저녁에 설계사들이 모여 있는 자리에서 그 얘기가 거론되었고 계약 철회라는 강수를 두게 된 것 같습니다. 대표님께는 정말 미안하게 됐습니다. 후사를 도모해 보시죠!"

e비서를 비방한 그분이 누군지 알 것 같았다. 그분의 문제 제기는 e비서 프로그램의 기술적 결함이라기보다는 개인의 활용 역량의 문제로 볼 수 있는 것이었다. 그래서 본사에서 너무나 가볍게 그 문제 제기를 지나쳐버렸던 것이다. e비서에 가입하는 수많은 고객 가운데 기회비용으로 떨어져 나가는 고객의 하나로만 여겼다. 그런데 소홀히 다룬 그 한명의 고객이 13명의 고객을 떨어져 나가게 하고 말았다. 더욱이 그의 입소문이 여기서 그치라는 법은 없다. 그는 e비서에 대한 이야기가 나올 때마다 부정적인 이야기를 늘어놓을 게 뻔했다. 회사의 방심으로 떨어져 나간 한 명의 고객으로 인해 돌아온 피해가 실로 대단했다. 진심으로 그 한 명의 고객에게 최선으로 다해 서비스를 하지 못한 것이 후회되었다.

이 일을 계기로 보다 친절하게 전화 응대를 하자고 뜻을 모았다. 고객 입장에서 충분히 만족할 정도까지 정성을 다해 상담을 하기로 했다. 본사가 주인이 아니라 고객이 왕이라는 관점에서 전화 응대 매뉴얼을 고객 지향적으로 뜯어고치고 정신 무장을 했다. 이와 함께 내가 솔선수범하기 위해 그 분에게 조금 늦은 자필 편지를 보냈다.

모든 고객을 100퍼센트 만족시키기는 어렵다. 하지만 단 한 명의 사소한 불만을 방치했다가 예상치 못한 재앙을 초래할 수 있다는 점을 명심해야 한다. 고객의 성향에 따라서 적극적으로 불만을 제기해 문제를 해결하려는 고객이 있는 반면, 속으로 끙끙 앓다가 사전 경고 없이 인연을 끊어 버리는 경우도 많다. 앞서 언급한 고객이 후자의 경우다. 수많은 고객을 직접 상대해 영업을 해온 경험에 비추어 볼 때, 후자의 경우가 가장 위험한 '깨진 유리창'이다. 후자는 자신의 불만을 지인을 비롯해 인터넷, 모바일을 통해 전파할 수 있다. 이보다 더 큰 문제는 후자가 경험한 불만의 원인이 해결되지 않은 깨진 유리창 그대로 방치된다는 것이다. 이것이 몰고 올 부정적인 파장은 어마어마하다는 건 분명하다.

때문에 퍼스트 상품에 대한 만족도를 높이는 것과 함께 꾸준히 고객의 정서적인 측면에서 만족을 주는 서비스와 고객 관리를 게을리 하지 말아야 한다. 고객의 의견과 불만을 접수하는 전화 상담 서비스도 마찬가지다. 고객의 감정까지 섬세하게 신경 쓰며 응대해야 한다.

단 한 명의 고객이 사업을 흥하게도 하고, 망하게도 한다. 따라서 고객 서비스에 대한 오만을 버려야 한다. 이에 대해《깨진 유리창의 법칙》에서는 다음 네 가지를 주의하라고 한다.

첫째 스스로를 거대하고 강력하다고 생각하며 고민하지 않는 기업은 당장 변화해야 한다. 그렇지 않으면 오만이라는 깨진 유리창 때문에 자멸할 것이다.

둘째 영업 실적이 떨어질 때 고객을 탓해봐야 아무 소용없다. 그렇다면 그동안 잘못된 고객이 당신의 제품이나 서비스를 구매했었다는 말인가? 이는 어리석은 생각이다. 고객에게 최상의 경험을 제공하기 위해 애써라.

셋째 당신이 고객보다 똑똑하고 세련됐다는 생각을 버려라. 당신의 비즈니스에 대해 고객에게 설명하려 하지 말고, 고객이 당신에게 설명하는 말에 귀를 기울여라.

넷째 테이프를 붙여놓는다고 깨진 유리창이 수리되는 것은 아니다. 깨진 유리창은 숨긴다고 해서 해결될 문제가 아니다. 빠르게, 그리고 제대로 깨진 유리창을 수리하라.

한 명의 고객이 겪은 불친절한 고객 대응 서비스,
완전하지 않은 상품, 사용하기 불편한 사이트 등의
사소한 문제가 기업의 위기를 불러올 수 있다

4장

고객의
마음을
사로잡는
PT 노하우

1
상품에 대한 확신으로 설득하라

"그래서 신의 가호 아래 이 나라에 새로운 자유가 탄생하고, 국민의, 국민에 의한, 국민을 위한 정부가 이 지상에서 결코 사라지지 않게 해야 할 것입니다."

링컨의 게티스버그에서의 2분 연설이 끝났다. 앞서 찬조 연설자로 나선 하버드 총장 에드워드 에버레트는 장장 2시간에 걸쳐 연설을 했다. 이에 비해 링컨의 연설은 너무나 짧았다. 미처 그 내용을 음미하기도 전에 연설에 끝나버린 탓일까? 청중은 너무나 조용했다.

연설을 끝낸 링컨은 속으로 생각했다.

'아, 이번 연설은 실패인가?'

그가 연설문을 챙겨 단상에서 내려오려고 할 때였다. 우레와 같은 박수 소리가 울려 퍼졌다. 짧은 연설에 담긴 링컨의 민주주의 국가에 대한 확신이 청중의 가슴에 파고들었던 것이다. 이때부터 이 연설은 동서고금을 막론하고 명연설로 회자되게 되었다. 이토록 짧은 연설이 엄청난 파급력을 가질 수 있었던 것은 노예해방을 위해 남북전쟁을 치르고 있는 링컨의 민주주의 정부에 대한 강한 확신이 있었기 때문이다. 말뿐이 아닌 실천 속에서 단련된 링컨의 자기 확신은 청중은 물론 전 세계인의 가슴을 울릴 수 있었다.

연설을 비롯한 프레젠테이션에서 확신은 매우 중요하다. 확신은 막연한 자기 주문이나 신념에 그쳐서는 안 된다. 예를 들어, '나는 나를 믿는다', '나는 잘할 수 있다', '청중이 나에게 호감을 가질 것이다' 같은 확신은 소용이 없다. 물론 이런 종류의 암시가 발표자에게 심리적 안정을 주고 기대감을 높여주는 효과가 있지만, 이것보다는 링컨처럼 물질적 근거가 있는 확신을 가져야 한다. 링컨의 확신에는 몸소 민주주의 정부를 구현하고자 수많은 인명의 희생을 감수한 남북전쟁이 바탕이 되었다. 그래서 그의 확신이 청중에게 엄청난 열기로 전염될 수 있었다.

2018 평창 동계 올림픽 유치에 성공해 '더반의 기적'을 일구어냈던 나승연 대변인. 그녀 또한 프레젠테이션에서 확신이 중요하다고 말하는데, 이는 막연한 암시가 아니었다. 그녀는 평창이 동계 올림픽 개최지로서 최적의 장소라는 사실을 철저히 공부한 끝에 논리적 확신을 얻

었다고 말한다.

"이번 평창 동계 올림픽 유치 프레젠테이션이 효과적이었던 이유 중 하나는 발표자가 확신을 갖고 내용을 전달했기 때문이다. 발표자 스스로 잘 알고 믿는 내용을 말할 때 청중은 더욱 공감하고 신뢰하게 되며, 발표자가 원하는 방향으로 행동하게 된다."

이처럼 연설이든, 프레젠테이션이든 청중을 사로잡아 설득시키기 위해서는 물질적 근거가 있는 확신이 필수 불가결한 요소다. 링컨처럼 실천을 통해, 혹은 나승연처럼 철저한 공부를 통해 얻은 확신이 있어야 비로소 청중의 마음을 움직일 수 있다.

한 병원에서 검사 장비 프레젠테이션을 할 때의 일이다. 당시 경쟁사는 잘 짜인 각본대로 한 치의 빈틈도 없이 일사분란하게 제품을 소개했다. 발표자는 마치 아나운서처럼 외모면 외모, 발성이면 발성, 제스처면 제스처 어디 하나 흠잡을 데가 없었다. 업계 1~2위를 다투는 회사답게 능숙하고도 매끄럽게 PT를 진행했다.

차례를 기다리던 나는 주눅이 들 수밖에 없었다. 경쟁사들의 발표자와 달리 나는 고작 사원일 뿐이었다. 서서히 떨려왔다. 내가 믿고 의지할 것은 단 하나뿐이었다. 지난 한 달 간 밤을 새워가면서 찾아낸 제품에 대한 자료들.

본래 검사 장비에는 별도의 제품 소개가 첨부되어 있다. 그것을 숙지하는 것만으로도 프레젠테이션을 하기에 충분했다. 그러나 나는 불안했다.

'틀림없이 경쟁사는 산전수전 다 겪은 베테랑이 나올 텐데, 고작 사원인 내가 무슨 수로 그와 맞붙는단 말이지? 방법은 딱 하나뿐이다. 제품에 대한 외국 논문과 리서치를 샅샅이 뒤져서 철두철미하게 공부해서 내용을 완벽하게 소화하는 수밖에 없어. 그러고 나면 제품에 대한 확신이 설 테고 더 자신 있게 고객을 설득시킬 수 있을 거야.'

한 달 동안 의료계 전문가들이 애용하는 외국 사이트를 들락거리며 수많은 자료를 섭렵했다. 생소한 전문 용어가 많이 나와 이해하기가 쉽지 않았다. 그래도 사전을 찾아 가면서 열심히 조사했다. 처음엔 시간이 많이 걸렸지만 서서히 가속도가 붙어 시간도 단축되었다.

프레젠테이션을 이틀 앞둔 날이었다. 경쟁사에서는 이미 여러 차례 반복 연습을 하고 있을 터였다. 이날도 나는 책상에 수북이 쌓인 자료 더미에 파묻혀 있었다. 그간 섭렵한 자료를 통해 볼 때, 분명히 우리 회사 장비는 경쟁사의 것보다 우수했다.

'외국에선 우리 회사 장비의 평판이 좋아. 이것보다 중요한 게 뭐가 있겠어? 우리 회사 장비의 우수성을 전면에 내세우기만 하면 돼.'

직장인이 되고 처음으로 하는 프레젠테이션이라서 무척이나 긴장이 되어 간간이 말을 더듬기도 했지만 확신을 가지고 열심히 했다. 존슨 앤존슨은 지명도 있는 글로벌 기업으로 모든 제품의 품질이 뛰어나다, 이 점은 자료를 통해서 보면 확인하실 수 있다, 또한 외국의 수많은 병원 관계자들의 평가가 매우 좋다, 이런 식으로 발표를 마무리하고 마지막으로 한마디를 보탰다.

"여러분, 전문적인 자료에 근거한 제 발표에 공감해주시겠습니까?"

그러자, 여기저기에서 '맞다', '발표 잘한다' 등의 긍정적인 반응이 나왔고 계약을 할 수 있었다.

푸르덴셜 생명에서도 그랬다. 나 또한 여느 영업사원들처럼 두툼한 영업 스크립터를 토씨 하나 틀리지 않게 달달 암기했다. 그리고 그 지식에 나만의 스토리를 얹어 프레젠테이션 각본을 만들었다. 지나치게 스크립터에 의존하는 태도를 버렸다. 대신 금융 상품에 대해 철두철미하게 공부한 후 스스로 확신을 가졌다.

프레젠테이션을 앞둔 영업자는 다음 질문에 확실한 답을 줄 수 있어야 한다.

'왜, 고객이 이 상품을 구매해야 하는가? 왜 다른 사람이 아닌 나에게서 이 상품을 구매해야하는가?'

이에 대해 자신 있게 답을 하기 위해서는 단순히 각본을 암기하고 반복하는 것으로는 부족하다. 그 이상이 필요하다. 그것이 바로 상품의 우수성에 대한 확신이다. 때에 따라서는 관행적인 각본 없이 오로지 상품에 대한 분명한 확신 하나만으로도 고객은 충분히 반응한다.

다음의 질문에 대한 확신이 있어야
고객의 마음을 움직일 수 있다.

왜 고객이 이 상품을 구매해야 하는가?
왜 다른 사람이 아닌 나에게서 이 상품을 구매해야 하는가?

2
실수에서
교훈을 얻어라

e비서의 전 모델인 V3.0 HCS가 개발되었을 때의 일이다. 영업자들이 이구동성으로 꼭 필요한 프로그램이 나왔다며, 그런 솔루션이라면 반드시 계약하겠다고 했다. 고생한 보람이 있었다. 하지만 부족한 자금 사정으로 충분히 시간을 두고 완성도 있게 프로그램을 만들지 못한 것이 아쉬웠다.

고객들에게 자신 있게 HCS를 소개하고 계약을 권하기 위해서는 이 프로그램에 대한 확신이 급선무였다. 그런데 고객 관리 솔루션이라는 틈새를 보고 출시한 것까지는 좋았지만 군데군데 보완할 점이 적지 않았다. 그래도 당장 자금 회수가 급했기에, 프로그램의 업그레이드는 시간을 두면서 하자고 생각했다.

HCS를 개발한 후, 지인과 보험사 관계자를 중심으로 제품을 홍보했다. 그러던 어느 날 서울역 K생명 지점장이 내게 프레젠테이션을 요청해왔다.

"모 선배에게서 들었는데 고객 관리에 좋은 솔루션이 있다면서요. 저희 지점 직원 30명을 대상으로 그 제품에 대해 설명을 해주실 수 있습니까?"

전화를 받자마자 흥분을 감출 수 없었다. 역시, 복지 쪽 시장에서 고객 관리 시장으로 방향을 틀길 잘한 듯 했다. 출시하고 얼마 지나지도 않았는데 입소문을 듣고 자그마치 30명이나 되는 고객을 대상으로 한 프레젠테이션 요청이 들어왔기 때문이다. 고객 관리 솔루션이 몇 년간의 부진을 씻어내고 일거에 거금을 벌어들일 것만 같았다.

그런 생각도 잠깐이었다. 프레젠테이션을 준비하고 있으려니 자괴감이 고개를 들었다.

'내 프레젠테이션의 생명은 상품에 대한 확신인데, 정말 걱정스러워. 촉박하게 급조하다 보니 아직도 개선해야할 점이 있어. 내가 단순한 세일즈맨이 아니라 상품을 개발한 CEO이다보니 그걸 쉽게 지나칠 수 없구나. 이를 어쩌지? 강한 확신이 생겨야하는데.'

고민 때문에 잠을 설쳤다. 컨디션이 영 좋지 않은 상태로 약속 시간한 시간 전까지 프레젠테이션 준비를 했다. 도저히 확신 있는 것처럼 위장할 수는 없었기에 대신에 달달 외우고 있는 스크립터를 따라하기로 했다. 그러자 존슨앤존스, 푸르덴셜 생명 그리고 골든와이즈닥터스에서 프레젠테이션을 할 때 한 번도 겪어보지 못했던 심한 긴장감이 몰려왔다. 침이 마르고, 호흡이 가빠졌고 식은땀이 났다. 그래도 한 회사의 대표로서 프레젠테이션을 성공적으로 마쳐서 많은 계약 건을 따내야 할 책임감이 있었다. 나 하나만을 믿고 열심히 일하는 직원들의 얼굴들이 스쳤다.

'난 반드시 해내야 돼. 오늘 성공해야 이번 달 직원 월급을 줄 수 있잖아.'

겨우 마음을 다잡고, 프레젠테이션을 시작했다. 30명이 모여 있었는데 하나같이 딴 일을 하고 있었다. 노트북을 보고, 스마트폰을 만지작거리고, 서류를 살펴보고 대부분 집중하지 않았다. 대략 다섯 정도만 시선을 단상에 던지고 있었다. 예전 같으면 자신감 있는 태도로 분위기를 반전시킬 수 있었다. 이상하게도 그날은 자신이 없었다. 그들 한 명 한 명의 눈을 정면으로 응시할 수 없었다.

나는 시선을 화면에만 고정시키고 기계적이고 딱딱한 설명을 이어갔다. 시간이 느리게 갔다. 내게 집중하던 다섯 명 가운데 두 명도 어느새 하품을 해댔다. 뻔히 보면서도 분위기를 바꿀 엄두가 나지 않았다.

결국, 그날 아무런 소득을 올리지 못했다. 그날은 내 프레젠테이션 역사에서 최악의 날이었다.

이 일로 프로그램의 완성도를 높이는 일에 더욱 박차를 가하게 되었다. 그런 끝에 지금의 e비서가 탄생했고, 그 효과에 대해 많은 고객들이 흡족해하고 있다. 내 프레젠테이션에도 흥이 살아나기 시작했다. 제품에 대한 강한 확신이 있었기 때문이었다.

누차 말하지만 가장 중요한 건 제품에 대한 확신이다. 그 다음은 파워포인트의 의존도를 줄여야 한다는 점이다. 프레젠테이션에서 절대적인 비중은 발표자인 내가 차지해야 한다. 발성이면 발성, 눈빛이면 눈빛, 제스처면 제스처 무엇 하나 빠지지 않게 잘 준비해 참석자의 반응을 이끌어내야 한다. 세심하게 준비하고 반복 훈련을 거듭한 후에 프레젠테이션에 나가면 고객들의 반응은 좋을 수 밖에 없다.

실수를 통해 배우는 것도 중요하다. 내가 했던 대표적인 실수는 발표 장소의 환경에 대한 사전 확인을 못했던 두 번의 일이다. 어찌 보면 발표 환경은 고객의 준비 미흡으로 볼 수 있을지도 모른다. 하지만 조금만 더 생각해보면 그것은 성공적으로 제품에 대한 브리핑을 해야 할 책임이 있는 발표자의 실수임에 틀림없다.

국내 최대 보험사 S보험사에서 e비서 PT를 요청받았을 때의 일이다. 그때까지 우리 고객은 외국계 보험사 영업자들이었기에 국내 보험사 PT경험이 없었지만 영업자들의 속성은 동일하다 판단했다. 큰 걱정 없이 여느 때와 같이 인터넷을 활용한 발표 준비를 마쳤다. 주어진 시간은 30분인데, 분 단위로 전달할 메시지를 정리해 두었다.

그런데 약속한 장소에 도착한 나는 놀랄 수밖에 없었다. 강연장 관리 직원이 말했다.

"엄격한 보안 규정 때문에 그 누구도 이곳에서는 인터넷을 할 수 없습니다."

인터넷이 되어야 직접 e비서를 시연할 수 있었다. 그걸 할 수 없으니 곤경에 처하고 말았다. 계획했던 PT가 무산될 수 있었다. 그제야 미리 발표 장소의 환경을 사전에 확인하지 못한 걸 자책했다.

그날 프레젠테이션은 허둥거릴 수 밖에 없었다. 화이트보드에 판서를 하고 또 구두로 e비서에 대해 소개를 이어갔다. 진땀을 흘리면서 발표를 해나가자 다행히 그 열의에 감동을 받았는지 상당수 참석자들이 관심 있게 발표에 귀 기울였다. 이렇게 해서 그날 대여섯 명이 계약 의사를 밝혀왔고 며칠 후 e비서 회원이 되었다.

경남 양산에 있는 L기업에서 기업복지관 솔루션인 e복지 오픈설명회를 할 때도 비슷한 일이 있었다. L기업은 95퍼센트의 내국인과 5퍼센트의 외국인으로 구성된 조직이다. 내게 주어진 발표시간은 40분이었고 꼼꼼히 준비했다.

이번에는 지난번과 같은 실수를 하지 않기 위해 발표 장소에 대해 미리 물어보았다. 관계자의 말에 따르면, 참석자가 70여명이나 되어 소강당에서는 발표가 불가능해 넓은 구내식당을 활용하기로 했다고 한다. 혹시나 해서 인터넷이 가능한지를 물어보았다.

"인사총무 이사님께서 특별히 구내식당에 인터넷을 할 수 있게 잘 준비해주셨습니다. 이 점은 절대 염려하지 마십시오."

이로써 만반의 준비가 되었다. 구내식당을 가득 메운 직원들의 눈이 똘망똘망했다. 어느 한 명도 졸거나 딴짓을 하지 않았다. 나는 마치 팬에게 둘러싸인 무대 위 아이돌 스타가 된 듯 흥이 났다. 오랜만에 접하는 최적의 프레젠테이션 환경이었다.

다른 때와 달리 더 열정적으로 발표를 해나갔다. 박수 소리, 웃음소리가 여러 번 터졌다. 그러다 어느 순간, '달그락 달그락'거리는 소리가 요란하게 들려왔다. 그와 함께 구내식당 문이 열리면서, 직원들이 얼굴을 내밀었다. 속에서 외마디 비명을 지를 수 밖에 없었다.

'점심시간이구나.'

발표 장소를 사전에 알고 있던 내가 미처 예상하지 못했던 난관이었다. 인터넷이 되면 다 된 줄 알았던 것이 오산이었다. 참석자들이 서서히 산만해지면서 하품이나 잡담을 하기 시작했다. 지금 이곳에 아이돌 스타가 서 있다 한들 점심시간을 앞둔 직장인들의 귀와 눈을 붙잡기엔 역부족일 듯 싶었다. 서둘러 프레젠테이션을 마쳐야 했다.

발표자는 확신을 갖고 자신감 있게, 때로는 레크리에이션 강사처럼 때로는 MC처럼 때로는 이웃사촌처럼 변화무쌍하게 변신하면서 고객을 들었다 놨다 할 수 있어야 한다. 이와 함께 실수에서 배울 수 있어야 한다. 누구나 크고 작은 실수를 한다. 나의 경우 확신 없는 프레젠테이션을 한 것과 발표 환경을 확인하지 못한 두 번의 경우가 그러하다. 지금도 늘 그 실수들을 상기하면서 다시 되풀이 하지 않기 위해 노력한다.

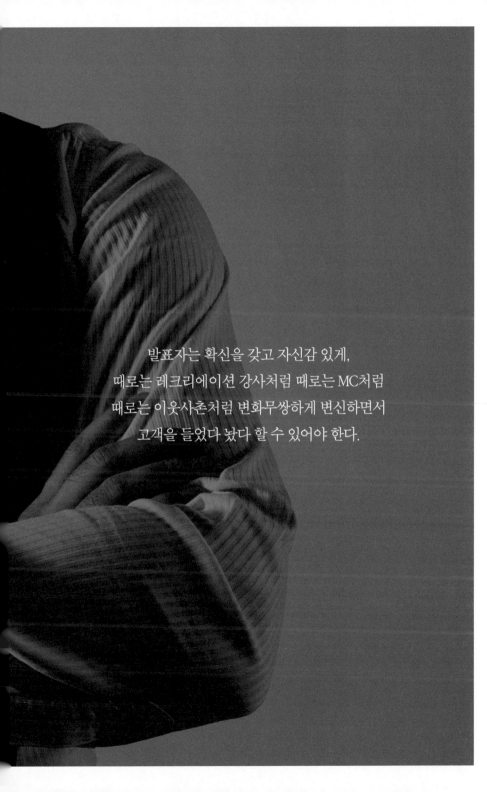

발표자는 확신을 갖고 자신감 있게,
때로는 레크리에이션 강사처럼 때로는 MC처럼
때로는 이웃사촌처럼 변화무쌍하게 변신하면서
고객을 들었다 놨다 할 수 있어야 한다.

3
공명 목소리로
청중을 사로잡아라

한 벤처협회에서 'e복지'에 대해 발표하던 날이었다. 이 벤처협회는 6,000개 이상의 회원사를 보유하고 있는 상당히 큰 경제 단체였는데, 사무국장님을 포함해 핵심 관계사의 임원 7명을 대상으로 발표하게 된 것이었다. e복지 프로그램의 소개와 e복지를 도입한 기업의 성공 사례 중심으로 발표해 달라는 요청을 받고 충실히 준비를 했다.

뜻밖에 반응이 매우 뜨거웠다. 보통 발표 내용에 관심을 갖더라도 고개만 끄덕이는 게 전부인데 이 날은 달랐다. 개략적으로 e복지 프로그램에 대한 설명을 마쳤을 때, 한 분이 자리에서 큰 목소리로 말했다.

"대단하네요. 우리 협회에서는 고작 패밀리 카드를 사용하는 정도인데, 작은 신생 벤처가 대기업 수준의 복지 프로그램을 만들었군요. 가격이 파격적으로 저렴하니 우리 협회의 6,000여 회원사가 활용하기에 매우 좋을 것 같아요. 이런 복지 솔루션이라면 협회에 많은 도움을 줄 것이 분명합니다."

당장 e복지관을 도입하겠다는 둥, 이 과정에 얻어진 수익으로 공동 문화 행사를 하면 좋겠다는 둥 반응이 뜨거웠다. 이러다보니, 발표 시간 40분이 훌쩍 넘어가 버렸다. 아직도 기업 성공 사례에 대한 내용이 남아 있었다.

이때 문제가 생겼다. 목이 건조해지더니 고음을 내기 힘들어지면서 헛기침이 연신 나왔다. 긴장한 탓인지 전날 숙면을 취하지 못했다. 급격하게 자신감이 떨어졌다. 그러자 참석자들도 전보다 집중이 되지 않는지 딴짓을 하거나 스마트폰을 만지작거렸다. 결국 이렇게 아슬아슬하게 나머지 발표를 해야 했다.

지금도 그날을 생각하면 아찔하다. 자타가 공인하는 내 프레젠테이션의 최대 무기는 공명하는 목소리다. 그런데 이 무기가 고장이 나버렸으니, 제대로 프레젠테이션을 진행할 수 있겠는가? 성공적으로 프레젠테이션을 하기 위해선 정보가 잘 정리된 파워포인트, 잘 짜인 스토리텔링, 시각적 연출과 호소력 있는 목소리가 필수적이다. 이 가운데 목소리의 중요성은 결코 간과해서는 안 된다.

미국의 심리학과 교수인 앨버트 메라비언은 대화에서 목소리가 차지하는 비중이 30퍼센트라고 밝혔다. 대화에서 제일 큰 비중을 차지하는 것이 시각으로 55퍼센트이고, 말의 내용은 7퍼센트에 불과하다는 것이다.

특히, 공명하는 목소리는 성공적인 프레젠테이션에 큰 도움이 된다. 개인적으로 지난 8년간 수천 건의 프레젠테이션을 하면서 얻게 된 가장 큰 자산이 공명 목소리이다. 처음부터 이렇게 울리는 목소리를 가졌던 게 아니다. 청중이 듣기 좋은 목소리를 선보이기 위해 끊임없이 노력을 한 결과 지금의 목소리가 만들어진 것이다.

그런데 아무리 좋은 공명 목소리를 가지고 있다고 해도 잘 관리하지 않으면, 낭패를 볼 수 있다. 나만의 목소리 관리 비법은 다섯 가지 정도로 정리할 수 있다. 첫째 금연, 둘째 금주, 셋째 커피 자제, 넷째 숙면, 다섯째 목소리 남용하지 않기이다. 목을 잘 관리하지 않으면 프레젠테이션을 할 때 특히 강조할 곳과 그렇지 않은 곳에서 고음과 저음을 자유자재로 사용하기 힘들다. 또한 충분한 휴식이 없이 잦은 PT로 목을 혹사시키면 성대 부종에 걸릴 가능성이 높다.

나는 듣기 좋은 공명 목소리를 선보이기 위해 수분 섭취에 신경을 많이 쓴다. PT 전에 500밀리리터 생수 한 병을 다 마시는 것은 물론 한 병을 더 들고 가 틈틈이 수분을 보충한다. 800원짜리 생수가 공명 목소리를 유지시켜주는 보약 역할을 한다.

공명하는 목소리를 갖기 위해 필요한 세 가지 기술이 있다. 첫 번째 복식호흡, 두 번째 발성법, 세 번째 마스크 공명법이다. 이를 잘 훈련해 자신의 것으로 만들어 낸다면, 가수나 아나운서 같은 아름다운 공명의 목소리를 가질 수 있다.

1 복식호흡

배로 숨을 쉰다고 해서 실제로 공기가 배에 들어간다는 것은 아니다. 그런 느낌이 드는 것은 배가 나오고 들어감에 따라 폐를 떠받치는 횡격막이 내려오고 올라가기 때문이다. 이렇게 해서 배로 숨을 마시고 내뱉는 느낌이 들기 때문에 복식호흡이라고 한다. 흉식호흡을 하게 되면 목에 지나치게 힘을 주게 되어 목소리가 딱딱하게 들리지만, 복식호흡을 하면 배에 힘을 주게 됨에 따라 깊고 풍부한 소리를 낼 수 있다. 복식호흡 방법은 아랫배를 풍선으로 생각하고 공기를 채우고 빼는 느낌으로 호흡을 하면 된다. 간단한 요령 5가지를 잘 숙지하자.

- 자리에서 일어난다.
- 다리는 골반 넓이만큼 벌리고, 등과 허리, 머리가 일자가 되게 곧게 편다.
- 오른손은 가슴 위, 왼손은 배 위에 올린다.
- 숨을 크게 들이쉬고 천천히 내뱉는다.
- 숨을 쉴 때 오른손은 안 움직이고 왼손만 움직이도록 한다.

2 발성법

크게 공명하는 소리를 내기 위해서는 최대한 목이 열려야 한다. 입을 벌렸을 때 마치 하품을 하듯이 목젖 양쪽의 둥근 아치 두 개가 크고 둥글게 만들어져야 한다. 그래야 최대로 커진 입안 공간에서 소리가 공명할 수 있다. 이를 잘하기 위해서 나무젓가락을 이용할 수 있다. 나무젓가락을 양 어금니에 하나씩 물면 하품할 때처럼 목구멍이 크게 열리게 된다.

3 마스크 공명법

마스크 존인 코와 입 주변으로 공기를 모아 소리를 진동시키는 것을 말한다. 사탕을 문 것처럼 가볍게 입을 다문 상태에서 '음~~' 허밍을 하면 코와 입주변이 진동되는 것을 느낄 수 있다. 이렇게 후두를 사용하지 않고 나오는 소리가 진짜 목소리이다.

이선균, 한석규, 이병헌 이 세 배우의 남다른 장점은 뭘까? 물론, 외모가 뛰어난 것도 빠질 수 없지만 그것보다 이들을 빛나게 하는 재능은 공명하여 울리는 좋은 목소리다. 이들이 출연한 영화와 드라마를 떠올려보면 어김없이 이들의 매혹적인 목소리가 귀에 들리는 듯하다. 철학자 발자크는 '목소리는 상대방의 마음을 끌어당기는 자석이다'라고 말한 바 있다. 누구나 노력하면 사람의 마음을 끌어당기는 공명 목소리를 가질 수 있다.

철학자 발자크는
'목소리는 상대방의 마음을 끌어당기는 자석이다'라고
말한 바 있다.
누구나 노력하면 사람의 마음을 끌어당기는
공명 목소리를 가질 수 있다.

4

유머, 감동, 유익의
삼박자를 갖춰라

"이 대표님 우리 지점에서 프레젠테이션 해보실래요?"

미국계 A생명보험사의 한 지점장이 전화를 해왔다. 직접 만나본 적이 없었지만, 매년 높은 실적을 거두고 있었기 때문에 재무설계사 사이에서 소문이 자자해 익히 알고 있던 분이다.

"영광입니다. 저야 언제든 가능하니 시간을 알려주시면 맞춰보겠습니다."

"이번 기회에 우리 지점원들과 함께 e비서 솔루션에 대해 자세히 알고 싶습니다. 지점원은 42명인데, 다들 경력이 많지 않습니다."

약속한 장소에 가보니, 참석한 분들 대다수가 건장한 체격에 눈빛이 강렬했다. 자리에 앉아 있는 모습부터 달랐다. 앞좌석부터 빈틈없이 좌석을 채웠고 또 허리를 꼿꼿하게 폈으며, 딴청을 피우는 사람이 단 한 명도 없었다. 잠시 후 이유를 알게 되었다.

"여기 모인 분들 대부분은 장교 출신으로 특별히 우리 지점에서 스카우트한 분들입니다. 오늘 이분들에게 유익한 프레젠테이션을 해주십시오."

지점장의 말이었다. 알게 모르게 위압감에 엄습했다. 장교 출신들 사이에 있는 일반인은 눈에 들어오지 않았다. 머릿속에 '장교'라는 단어가 각인되어서 그런지 몸이 잔뜩 긴장되었다. 그러자 평소와 달리 딱딱한 프레젠테이션 시간이 이어졌다.

그래도 참석자들은 장교 출신답게 누구 하나 하품을 하거나 스마트폰을 만지작거리지 않았다. 나는 새로운 직업에 뛰어든 그들에게 친절하게 고객 관리 프로그램을 소개해야할 책임이 있었다. 이 솔루션이 그들로 하여금 보험 전쟁터에서 승전을 낚아챌 수 있도록 도움을 주는 첨단 무기임을 잘 설명해야했다. 이런 부담감 때문에, 갈수록 PT는 무미건조해져갔다. 결국, 단 한 번의 웃음도 터지지 않은 엄숙하고도 숙연한 시간으로 끝나고 말았다.

PT가 다 끝나자 그들은 누가 시키지도 않았는데, 요란한 박수로 감사의 표시를 해주었다. '특공'하고 거수경례라도 하고 싶은 심정이었다. 어쩌다 그렇게 식상하고도 재미없는 PT를 했는지 자책감이 들었다. 그날 PT가 잘못 흘러가게 된 건 장교 출신 참가자들을 너무 의식해서 긴장을 한 탓이었다.

그 일을 계기로 어떤 참석자 앞에서도 주눅 들지 않고 자신 있게 한 편의 쇼처럼 PT를 진행할 수 있는 역량을 키우려고 노력해 왔다. PT에는 '유머, 감동, 유익'이라는 세 가지 요소가 반드시 들어 있어야 한다고 생각한다. 적절한 유머를 활용해야 PT가 딱딱한 발표가 아니라 친근하게 와 닿는 이야기가 될 수 있다. 이제는 장교 출신은 물론 대기업 CEO들이 참석한다고 하더라도 능숙하게 PT를 진행할 수 있게 되었다.

그런데도 가끔씩 심장이 멎는 듯한 순간이 있다. PT 현장에서 심심치 않게 마주치는 유형의 사람들 때문이다. 팔짱을 낀 채 웃음기 하나 없는 표정으로 앉아 있는 분들이다. 이들과 시선을 딱 마주칠 때면, 내가 실수를 한 게 있나 하는 긴장감이 들기도 한다. 그들의 냉랭한 시선은 이런 말을 하는 듯하다.

'그래, 이현호 대표가 PT를 얼마나 잘하는지 보자.'

이런 사람들 앞에서 발표할 때가 프로와 아마추어를 가르는 순간이다. 아마추어는 그 기세에 눌려 말을 더듬으면서 허둥댄다. 하지만 프로라면 정면 돌파다. 나는 그분의 시선을 의식하지 않고 자연스럽게 흘려보낸다. 그리고 그분을 PT에 참가시키기도 한다.

"저기 뒤편에 계신 분, 자세로 볼 때는 CEO 같으신데요."

이렇게 지적하면, 좌중에서 가벼운 웃음이 터져 나오기 마련이다. 그 사람도 머쓱해져서 살짝 치아를 보인다. 이렇게 해서 서서히 무장해제가 되면서 PT에 집중하게 된다.

참석자가 모두 PT에 흠뻑 빠져들게 하려면 유머가 필수적이다. 유머가 없는 PT는 일방적으로 메시지와 정보를 전달하는 주입식 발표에 그칠 가능성이 크다. 이와 달리 유머가 있는 PT는 활기 넘치고 청자의 자발적인 참여도를 높인다. CNN 시사 토크쇼 진행자 래리 킹은 훌륭한 화자의 조건 가운데 하나를 유머로 보았으며 자신에 관해 농담을 즐길 수 있는 여유가 있어야 한다고 했다.

평창 동계 올림픽 유치위원회의 나승연 대변인 또한 마찬가지인데, 성공적인 프레젠테이션을 위해 1년 반 동안 특별히 유머, 위트를 배웠다고 한다. 그녀에 따르면, 유머가 무슨 이야기를 전하는지는 중요하지 않다고 한다. 대신, 어떻게 이야기하는지가 중요하다고 한다. 또한 타인을 홍보하는 대신 자신을 홍보하는 것이 청중들에게 친근감을 줄 수 있는 방법이라고 한다.

다음으로 PT에 필요한 것은 감동이다. TED의 수많은 강연자 사례를 살펴보면 마음을 움직이는 강연은 가슴에 와 닿고, 새롭고, 기억에 남는 것임을 알 수 있다. 가슴에 와 닿는다는 것이 바로 감동이다. 과장하지 않고, 진실되고 겸허하게 이야기할 때 청중의 가슴에 감동의 물결이 출렁인다.

2010년 스위스 취리히에서 있었던 2022년 월드컵 개최지 선정 프레젠테이션에서 박지성은 발표를 마치며 다음과 같이 말해 큰 감동을 주었다.

"소년 시절, 키도 작고 평발이었던 저에게 프로 축구선수는 불가능한 꿈이었습니다. 그러나 월드컵이 그 불가능을 가능으로 바꾸어주었습니다. 비록 2022년에는 그라운드를 뛰지 않겠지만, 전 세계 어린이들이 저와 같이 꿈을 꾸길 바랍니다. 그 꿈의 열쇠를 바로 여러분들이 쥐고 있습니다."

마지막으로 PT에 없어선 안 될 것은 유익이다. 아무리 쇼처럼 청중을 환호하고 열광하게 해도, 그 시간을 통해 얻는 유익이 없으면 프레젠테이션의 가치는 없다. 프레젠테이션을 통해 웃음과 감동을 주는 것도 방편이다. 이를 통해 궁극적으로 청중들에게 유익을 선사해야 한다.

따라서 바쁜 시간을 쪼개서 한 곳에 모인 청중들에게 가장 필요한 것을 줘야 한다. 내 PT의 경우, 청중들은 하나같이 e비서를 통해 고객관리에 도움을 받기를 바란다. 이 점을 감안해 쉽게 실례를 들어가면서 e비서 활용법과 그 성공 사례를 다양하게 전달한다. 이와 함께 그 비용이 파격적으로 저렴하다는 점을 전달한다. 그러면, 청중들은 그 시간이 하나도 아깝지 않을 뿐더러 오히려 자신에게 기회가 되는 유익한 시간이었다는 반응을 보인다.

프레젠테이션이 일방적인 발표가 되면, 딱딱하고 지루해진다. 청중과 하나가 된 프레젠테이션이 되기 위해서는 유머, 감동, 유익 3가지 요소가 적절하게 녹아들어가야 한다. 프로 발표자는 프레젠테이션을 통해 청중을 설득시켜 목적하는 바를 이루어야 한다. 경기 불황이 이어지고 있는 요즘 같은 때에 믿을 수 있는 건 유머, 감동, 유익의 삼박자를 맞춘 프레젠테이션뿐이다.

경기 불황이 이어지고 있는
요즘 같은 때에 믿을 수 있는 건
유머, 감동, 유익의 삼박자를 맞춘
프레젠테이션뿐이다.

5

오프닝에서
강력한 인상을 남겨라

첫인상은 매우 중요하다. 소개팅, 면접 그리고 프레젠테이션에서 첫인상이 그 만남의 운명을 좌지우지할 정도로 큰 비중을 차지한다. 특히, 프레젠테이션의 경우 발표자가 아무리 좋은 콘텐츠를 가지고 있어도 도입부에서 청중을 사로잡지 못하면 실패로 이어질 가능성이 높다. 발표자가 청중의 눈과 귀를 끌어당기지 못하는 순간, 청중은 그날 밀린 회사 일, 저녁 모임 약속, 집안일 등의 잡생각으로 빠지고 만다. 프로 발표자는 청중의 주의를 자신에게 집중하게 할 책임이 있다.

TED의 프레젠테이션 비법을 소개한 《TED》는 오프닝이 분위기를 결정하는 중요한 요소라고 본다. 때문에 발표자가 연단에 오른 후

10~20초 내에 청중이 프레젠테이션에 집중하게 할 동인을 제시하라고 한다. 이와 함께 성공 확률 100퍼센트의 오프닝 코멘트는 사적인 이야기라고 한다. 이때, 사적인 이야기는 신변잡기가 아니라 삶에서 우러나온 진실한 이야기여야 하며, 또한 본론의 메시지와 연관되어야 하고 대화가 들어 있어야 한다고 밝힌다.

이와 함께 《TED》에서는 오프닝에서 삼가야 할 코멘트 다섯 가지를 지적하고 있다. 이 가운데에서 1, 4번은 국내의 내로라하는 발표자들도 놓치는 것이다.

1　인용구로 시작하지 마라.
2　농담으로 시작하지 마라.
3　조금이라도 불쾌감을 줄 수 있는 문구도 금물이다.
4　'감사합니다'로 시작하는 것도 금물이다.
5　'프레젠테이션을 시작하기에 앞서'라는 표현도 안 된다.

나는 이 다섯 가지에 '사과하지 말기'를 더 추가하고 싶다. 흔히 발표자들이 오프닝에서 겸손의 뜻으로 '미안하다'는 취지의 말을 하기도 한다. 예를 들어 점심시간 직전까지 프레젠테이션을 하게 되거나 혹은 퇴근 시간 이후까지 프레젠테이션을 하게 될 경우, 발표자가 도입부에서 저절로 '조금만 시간을 내주십시오.', '미안하게 되었습니다.' 등의 표현을 하는데 이것은 절대 삼가야 한다. 일단, 사과로 프레젠테이션을 시작하면 청중의 집중도가 크게 떨어지게 되기 때문이다.

《TED》에서 언급한 것 외에도 효과적인 오프닝 스킬이 적지 않다. 첫 번째, 뛰어서 등장하기 두 번째, 단상에서 '파' 톤 이상으로 자기소개하기 세 번째, 눈 마주치기 네 번째, 소개자 활용하기다.

첫 번째는 사회자로부터 소개를 받은 후 역동성을 강조하기 위해 뛰어서 들어가는 방법이다. 짧은 거리라도 뛰어 들어가면, 가만히 앉아 있는 청중들의 호기심으로 불러일으킬 수 있다.

두 번째, 인사를 하고 자기소개를 할 때는 무조건 '파'톤 이상으로 힘을 주고 말한다. 열정과 에너지를 담아 힘차게 말해야 정적인 분위기를 깨고 청중의 주의를 끌 수 있다. 지나치게 큰 목소리나 작은 목소리, 혹은 더듬는 목소리와 차갑고 날카로운 목소리는 피해야 한다.

세 번째, 자기소개를 할 때 아이 컨텍을 하는 방법이다. 나는 좌측에서 시작해서 중앙을 거쳐 우측으로 가면서 차례로 시선을 맞춘다. 이를 통해 청중 한 명 한 명이 발표자로부터 주목받는 느낌을 갖게 되어 더욱 프레젠테이션에 집중하게 된다. 눈을 마주칠 때는 골고루 보고, 한번씩 멈춰주고, 가끔 다른 곳을 보기도 하고, 시선과 몸의 방향을 같이하면 좋다.

네 번째, 소개자의 영향력을 최대로 활용해야 한다. 발표자로서 인지도 떨어지거나 혹은 청중이 미리 발표자에 대해 충분히 알지 못하는 경우, 프레젠테이션의 집중도가 떨어질 우려가 있다. 이를 방지하기 위해, 권위 있는 소개자를 활용해 발표자를 소개하면 청중의 집중도가 높아진다.

A 회사 지점에서 프레젠테이션을 할 때다. 그곳 지점장은 소개받은

분이라 나에 대해 잘 알지 못했다. 그래서 발표 당일 예정 보다 일찍 그 곳에 도착해, 30분 정고 그분과 대화를 나누었다. 그날 프레젠테이션 에 참가하는 분들이 젊은 층이어서 나에 대해 아는 사람이 전혀 없었 기 때문에 그분을 활용하기로 한 것이다. 격식에 얽매이지 않고 진솔 하게 나와 e비서에 대해 잘 말씀드렸다. 그러자 그분이 말했다.

"보통은 시간이 아까워서도 이런 자리를 갖지 않는데, 대표님은 다 르시네요. 사실 처음엔 그냥 시간 때우기로 프레젠테이션 시간을 갖 는다고 생각했었는데 막상 대표님과 대화를 나누고 보니 생각이 달 라졌습니다. 이렇게 좋은 고객 관리 프로그램이라면 우리 지점 직원 들에게 잘 알리고 싶어요. 그래야, 우리 지점 실적도 높아지게 되는 것이니까요."

이렇게 지점장에게 나를 적극 어필하자, 지점장이 지원군을 자처하 고 나섰다. 그분은 단상에서 이렇게 지원 사격을 해주었다.

"여러분! 나는 지금까지 사회생활하면서 수많은 프레젠테이션을 들 었습니다. 그런데 대부분이 시간 낭비일 때가 많았어요. 오늘은 내가 확언하건대 여러분에게 귀중한 시간이 될 것입니다. 잘 듣고, 여러분 의 영업 실적 향상에 큰 도움을 받기 바랍니다."

무슨 일이든지 시작이 중요하다. 프레젠테이션 오프닝의 경우 사적인 이야기하기를 비롯해, 뛰어서 등장하기, '파' 톤 이상으로 자기소개하기, 아이 컨텍하기, 소개자 활용하기를 잘 사용해야 한다. 이외에도 프레젠테이션 오프닝 스킬이 많은데, 프로 발표자는 반복된 실전 프레젠테이션을 통해 자기 것으로 만들 수 있어야 한다.

발표자가 청중의 눈과 귀를 끌어당기지 못하는 순간,
청중은 그날 밀린 회사 일, 저녁 모임 약속,
집안일 등의 잡생각으로 빠지고 만다.

6

스티브 잡스를
따라잡아라

내가 PT 현장에서 자주 하는 말이 있다.

"여러분! 저는 여러분의 성공 파트너입니다. 앞으로 들으실 30분의
발표를 통해 큰 이득을 얻어 가시길 바랍니다. 이 자리의 주인공은
여러분입니다. 저에게 할당된 30분의 시간을 통해, 여러분의 비즈니
스에 날개를 달아 드리겠습니다."

나는 프레젠테이션을 한 편의 쇼처럼 진행하려고 노력한다. 청중들
은 다들 바쁜 시간을 쪼개서 참석하기 때문에 이들의 참여도를 높이기

위해서 한시도 긴장을 늦추지 말아야 한다. 이 정도면 되겠지 안주하는 순간, 청중들로부터 외면을 받기 십상이다.

그래서 항상 새로운 프레젠테이션 기법을 연구하기도 하고 또 소문난 발표자의 동영상을 보고 분석하기도 한다. 특히, 개인적으로 자주 보면서 공부하는 것은 스티브 잡스의 프레젠테이션이다. 스티브 잡스의 유명한 프레젠테이션 동영상 십여 개가 회사 컴퓨터는 물론 내 스마트 폰에도 저장되어 있다. 중요한 프레젠테이션을 앞둘 때나 프레젠테이션의 활력이 떨어진다고 느낄 때 스티브 잡스의 동영상을 보면서 그 감동을 온몸으로 체감한다. 그리고 그 감동을 고스란히 내 프레젠테이션에서 전달하려고 노력한다.

내가 파악한 스티브 잡스 프레젠테이션의 핵심 요소는 7가지이다. 나도 이 요소들을 체화하기 위해 계속 노력하고 있다.

- 주제를 정하라.
- 개요를 제시하라.
- 열정을 보여라.
- 경험을 팔아라.
- 시각화하라.
- 쇼를 하라.
- 연습하고 또 연습하라.

첫 번째, 주제를 정하라. 이는 세상의 모든 프레젠테이션에 적용되는 것으로 주제에 해당하는 헤드라인을 청중에게 강렬하게 제시하라는 말이다. 인터넷과 신문을 볼 때 사진과 기사가 보이지 않기 때문에 헤드라인 한 줄만 보고 클릭하기 마련이다. 때문에 한순간에 시선을 사로잡는 헤드라인이 필요하다. 이처럼 프레젠테이션에서도 간결하고도 강렬한 헤드라인을 제시해야 한다.

두 번째, 개요를 제시하라. 개요는 쉽게 말해 여행 일정표와 마찬가지다. 만약, 일정표 없이 즉흥적으로 마음에 드는 곳을 찾아다니다가는 정작 꼭 가야할 곳을 놓치고 만다. 이와 마찬가지로 프레젠테이션 본론에 들어가기에 앞서, 발표할 내용의 틀을 제시해야 한다. 예를 들면 다음과 같다.

"이제 완전히 달라진 새 아이맥은 세 가지의 훌륭한 기능을 가지고 있습니다. 모든 고전 명작들이 그러하듯이 오늘 나의 프레젠테이션을 3막으로 구성했습니다."

세 번째, 열정을 보여라. 이는 스티브 잡스의 프레젠테이션을 보면 확인할 수 있다. 스티브 잡스는 강조할 부분에 강한 악센트와 함께 제스처를 통해 열정으로 드러낸다. 그가 자주 쓰는 표현은 다음과 같다.

extraordinary, amazing, awesome, cool, incredible, unbelievable, wow

네 번째, 경험을 팔아라. 이는 숫자에 경험적인 의미를 부여하는 말이다. 예를 들어 아이폰이 출시 후 현재까지 400만대가 팔렸다고 할 때, 그냥 400만대 팔렸다고 하면 청중은 감을 잘 잡지 못한다. 때문에 이를 '아이폰이 하루 평균 2만 대 꼴로 팔리고 있습니다'로 바꾸어야 한다. 이렇게 해야 숫자가 청중의 피부에 와 닿는다.

다섯 번째, 시각화하라. 이는 열 마디 말보다 간결한 시각 자료 하나가 더 낫다는 말이다. 주의를 쉽게 끌 수 있을 뿐만 아니라 전달하는 내용을 잘 이해시킬 수 있다. 이때, 텍스트는 최소화하고 데이터와 차트 그리고 이미지는 극대화하는 것이 좋다. 시각 자료에 활자가 많으면 많을수록 집중도가 떨어지기 마련이다.

여섯 번째, 쇼를 하라. 이는 발표자가 청중과 함께 즐길 수 있어야 한다는 말이다. 격식 있는 아나운서처럼 진행해서는 곤란하다. 스티브 잡스의 경우, 락스타처럼 온갖 쇼맨십을 발휘한다. 가수를 불러와 노래를 들려주기도 하고, 즉석에서 유명 배우에게 전화를 걸기도 한다. 또 다른 예도 있다. 스티브 잡스가 맥북 에어 프레젠테이션을 할 때다. 그는 서류 봉투에서 맥북 에어를 꺼내서 보여주었다. 이 제품이 세상에서 가장 얇고 가볍다는 것을 보여주기 위함이었다. 이 모습을 본 청중은 공연장에 온 관객처럼 열광했다.

일곱 번째, 수없이 연습하고 연습하라. 연습만이 최고의 프레젠테이션을 보증한다. 스티브 잡스도 처음부터 프레젠테이션을 잘한 것이 아니다. 그는 한 번의 기조연설을 위해 혼자 6개월을 준비하고, 2주간 다른 팀원들과 함께 연습하여 완성도를 높인다. 프레젠테이션 이틀 전부터는 무대 위에서 리허설을 반복한다.

〈월스트리트 저널〉은 스티브 잡스의 프레젠테이션에 대해 이렇게 상찬했다. '애플의 CEO 스티브 잡스는 그의 프레젠테이션 무대와 드라마 연출 솜씨를 통해 기업의 언론 공개 행사를 문화 이벤트로 완전히 탈바꿈시켰다.' 실제로 그의 프레젠테이션은 전 세계적으로 기업인뿐만 아니라 일반 소비자들까지 열광하게 만들었다. 프로 발표자가 지향해야 할 프레젠테이션이 바로 이것이다.

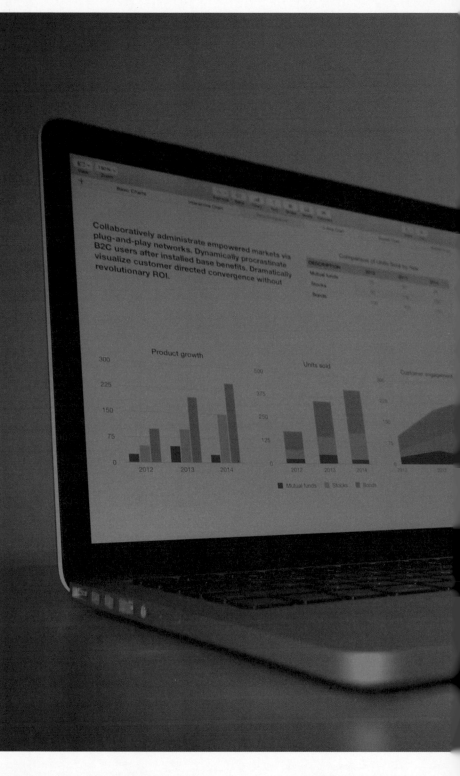

시각화하라.
이는 열 마디 말보다
간결한 시각 자료 하나가 더 낫다는 말이다.
주의를 쉽게 끌 수 있을 뿐만 아니라
전달하는 내용을 잘 이해시킬 수 있다.
이때, 텍스트는 최소화하고 데이터와 차트
그리고 이미지는 극대화하는 것이 좋다.
시각 자료에 활자가 많으면 많을수록
집중도가 떨어지기 마련이다.

7

늘 준비하고,
반복해서 연습하라

세계 3대 테너 가수 가운데 한 명인 루치아노 파바로티. 그는 1961년 26세에 국제 콩쿠르에 우승하면서 본격적인 성악가의 길을 걸어갔다. 하지만 그의 이름을 기억하는 사람이 많지 않았다. 그가 세계적인 성악가로 도약할 수 있는 발판은 우연히 찾아왔다. 1961년 레조 에밀리아 극장에서 '라 보엠' 오페라의 테너 가수가 갑작스레 출연을 취소했다. 이때, 평소 기량을 갈고 닦았던 그가 무대에 서는 기회를 얻었고 이를 통해 관객의 큰 호응을 얻으며 자신의 이름을 전 세계적으로 알렸다.

조수미와 홍혜경의 뒤를 이어 한국을 대표하는 소프라노 가수인 임선혜도 마찬가지다. 그녀에게도 우연히 브뤼셀 무대에 설 기회가 왔는데, 이를 잘 활용함으로써 세계적인 스타가 될 수 있었다. 그녀는 이렇게 말한다.

"벨기에 브뤼셀에서 헤레베헤의 지휘로 모차르트 공연을 하는데, 공연 하루 전날 소프라노 한 명이 무대에 서지 못하게 되었으니 저보고 대신 서 달라는 거예요. '이 곡을 공연해본 적이 있냐'는 질문에 무조건 '해봤다'고 거짓말을 하고 밤새워 연습한 후 7시간 동안 기차를 타고 브뤼셀로 갔어요."

클래식 음악계에선 오페라 주연이나 교향악단 지휘자의 신상에 문제가 생겨 출연하지 못할 때 대타를 찾는 경우가 적지 않았다. 무명이더라도 이런 기회를 잡으면, 일약 스타덤에 오를 수 있다. 단 중요한 것은 기회가 올 때 잡을 수 있도록 잘 준비하고 있어야 한다는 것이다.

경기도 화성에 있는 S엔지니어링 회사 대표님과 우연히 만났을 때의 일이다. 그분은 기업인 조찬 모임에서 몇 번 뵌 적이 있을 뿐 그다지 친한 사이가 아니었다. 개인적인 용무가 있어서 화성에 들렀다가 은행 로비에서 그분을 만났다. 그분이 용케 나를 기억하고는 자기 회사에서 차나 한 잔 마시자며 내 소매를 잡아끌었다. 그날 오후는 일정이 없어서 그분의 회사로 동행했다.
그분이 귀한 보이차를 내주면서 말했다.

"e복지라는 사업은 잘 돼 가십니까?"

"네, 덕택에 꾸준히 고객이 늘어가고 있습니다."

그분이 차를 한 모금 마시고 나서 말했다.

"좀 전에 이 대표님을 보는 순간 그게 딱 떠올랐어요. 실은 우리 회사가 어느 정도 안정 궤도에 올라섰고 해서 임직원들에게 혜택을 주려고 고민하고 있었지요. 요즘 경기가 좋지 않아 많은 비용을 들이는 건 부담이 되고 해서, 적은 비용으로 최고의 효과를 볼 수 있는 걸 찾던 중입니다."

"잘 생각하셨습니다. 저는 e복지가 최저 비용으로 상당한 복지 혜택을 줄 수 있는 솔루션이라 생각합니다."

그분이 끼어들었다.

"이 대표님을 이렇게 만나게 된 게 행운이라고 보는데, 지금 우리 임직원에게 e복지를 소개해 주시면 어떻겠습니까? 오늘 프레젠테이션을 토대로 e복지 도입 여부를 결정할까 합니다."

그날 바로 프레젠테이션이 진행되었다. 빔 프로젝터는 다른 직원이 사용하고 있어서 활용할 수 없었다. 하는 수 없이 판서 중심으로 프레젠테이션을 진행했다. e복지 솔루션을 두 눈으로 볼 수 있게 시연하는 것이 중요한 내용 중 하나인데, 그날은 상황이 여의치 않아 화이트보드에 그림을 그리고 글을 써가면서 e복지에 대해 소개를 했다. 시청각 자료가 모자라 청중들이 지루함을 느낄 가능성이 컸기에 농담도 많이 하고, 자주 질문을 하면서 참여를 유도하려고 노력하면서 큰 무리 없이 프레젠테이션을 마칠 수 있었다.

"자, 그러면 여기 적어드린 ID, PW로 직접 e복지에 로그인해서 체험을 해보십시오."

내 말이 끝나자, 임직원의 반응이 즉각적으로 튀어나왔다.

"전 스마트폰으로 벌써 들어가 봤습니다."
"예정에 없었는데도, 프레젠테이션을 참 잘 하시네요."

나는 회사일이 없을 때도 말쑥하게 옷을 입고 다니면서 우연히 만나는 고객에게 좋은 이미지를 심어주려고 노력하고 있었다. 그렇다고 정장만 고집하는 건 아니다. 편한 캐주얼 복장이라도 좀 신경을 써서 고객 앞에서 신뢰감을 주기 위해 애쓰고 있다. 이것만이 아니다. 내가 들고 다니는 가방에는 항상 제안서 여러 부와 함께 프레젠테이션에 활용할 각종 자료가 들어 있다. 직업병 같지만 이렇게 준비를 하지 않으면 불안하다. 이런 준비가 있었기에 갑작스런 프레젠테이션에도 잘 대처할 수 있었던 것이다.

"내가 바칠 것은 피와 땀과 눈물뿐입니다. 여러분은 제게 물을 것입니다. 우리의 정책이 무엇이냐고. 나는 대답하겠습니다. 맞서 싸우는 것이라고."

2차 전쟁이 한창일 때 영국 수상이 된 윈스턴 처칠이 의회에서 한 말이다. 그는 이를 통해 전 국민적인 지원을 받아 2차 세계대전을 승리로 이끌었다. 그는 이를 비롯해, "절대, 절대, 절대 포기하지 마라.", "오늘 독일 정부는 항복하였습니다. 따라서 대독 전쟁은 이로써 종료되었습니다. 국왕 폐하 만세!" 등 유창한 연설로 유명하다. 놀랍게도 그는 어릴 때는 심하게 말을 더듬었다고 한다. 그런 그가 어떻게 명 연설가가 될 수 있었을까?

비결은 딱 하나, 반복해서 연습하는 것이다. 이에 대해, 말콤 글래드웰은 어느 분야에서든 1만 시간을 투자하면 전문가가 될 수 있다고 주장한다. 모차르트, 비틀즈, 빌게이츠 등도 1만 시간의 훈련을 통해 천재의 반열에 오를 수 있다고 한다.

프로 발표자는 언제, 어떤 환경에서든 성공적인 프레젠테이션을 할 수 있어야 한다. 마음에 드는 방향으로 공이 들어오기를 기다리기만 해서는 명 타자가 될 수 없는 것과 같은 이치다. 항상 만반의 준비를 갖추고 부단히 연습해야만 명 발표자가 될 수 있음을 기억하자.

프로 발표자는 언제, 어떤 환경에서든
성공적인 프레젠테이션을 할 수 있어야 한다.
마음에 드는 방향으로 공이 들어오기를 기다리기만 해서는
명 타자가 될 수 없는 것과 같은 이치다.
항상 만반의 준비를 갖추고 부단히 연습해야만
명 발표자가 될 수 있음을 기억하자.

고객 관리
성공 사례

보험설계사 및 재무설계사는 대면 영업을 한다. 좋은 성과를 내기 위해서는 대면하기 전 TA(전화)를 통해서 약속을 잡고, 초회면담에서 차별화된 첫인상과 이미지를 만드는 것이 무척 중요하다. 대한민국에는 39만 명의 설계사가 활동하고 있다. 영업직 중에서도 가장 많은 사람들이 종사하고 있는 직종이 보험설계사인 것이다. 그만큼 차별화된 접근법이나 설득법을 갖기 어려운 직종이다.

고객은 그들의 소중한 자산을 믿을 만한 담당자에게 의뢰하고 싶어 한다. 그 누구든 쉽게 돈을 버는 사람은 없기 때문에, 소중한 자산관리를 아무에게나 맡길 수는 없는 노릇이다. 그렇기에 초회면담자리는 고객이 설계사를 평가하고 판단하여 자신의 자산을 맡길 수 있는지 여부를 결정하는 자리이기도 하다. 그런 중요한 자리에서 설계사가 차별화된 강한 인상을 남길 수 없다면, 2차 면담을 통한 계약의 기회를 갖기는 어렵다.

외자계 보험사인 P사에 근무하는 K설계사는 고객을 만났을 때, 자신을 적극적으로 소개할 수 있는 프로필을 2장으로 나누어서 준비하는데, 한 장에는 자신의 경력과 이력을 담고 또 다른 한 장에는 자신이 어떤 VIP 고객서비스를 할 수 있는지에 대한 내용과 관련 기사들을 담는다. 고객은 초회면담에서 담당 설계사의 금융지식에도 감탄을 하지만, 그의 디테일한 고객 관리와 지속적인 소통이 가능하다는 부분에서 후한 점수를 준다.

초회면담 후 그는 미리 준비해간 VIP라운지 초대장으로 고객을 자신의 고객 관리사이트(Web버전과, Mobile버전)에 초대한다. 성의 있는 초대에 고객은 응할 것이고, VIP라운지에서의 2차 면담 전에, 자신이 향후 어떤 금융서비스와 VIP라운지 서비스를 받게 될 것이지를 충분히 시뮬레이션해 볼 수 있다. 이런 과정을 통해 고객은 2차 면담과 계약에 대한 기대를 갖게 되는데, 이러한 기대감은 2차 면담에서 놀라운 성과로 나타난다.

대한민국 금융상품은 금감원의 승인이 없이는 세상에 나올 수 없다. 즉, 모든 금융상품은 국가가 승인한 정상적인 상품이라는 것이고, 사람들은 그런 상품에 대한 기본적인 믿음을 갖는다. 그렇기 때문에 사실상 계약의 여부는 상품 자체에 대한 신뢰라기보다는 상품을 권하는 담당자에 대한 믿음으로부터 견인된다고 보아야 한다. 담당자에 대한 신뢰를 쌓는 데는 소개·추천인의 적극성이 가장 중요하겠지만, 첫 대면시 느껴지는 설계사의 첫 인상, 금융지식, 설득력 그리고 공감대 형성 능력 또한 중요하다.

이런저런 경험들을 통해 대한민국 보험 산업 자체에 대한 부정적인 이미지를 갖게 된 고객들도 상당하다. 그만큼 고객의 신뢰를 얻기 쉽지 않다는 것이지만 역설적으로 얘기하면 조금만 더 차별화할 수 있다면 고객으로부터 선택받기가 용이해질 수도 있다는 얘기이다.

K설계사는 본인의 이름으로 운영하는 VIP라운지에 고객을 초대하고, 고객이 승인 요청을 하면, e비서 App(관리자 전용 App)에서 승인을 해준다. 승인을 받지 못하는 고객은 VIP라운지에 입장할 수 없다. e비서는 설계사로부터 승인을 받은 고객만 이용할 수 있는 회원제 멤버십 서비스이기 때문에, 이를 이용하는 고객들은 선택받았다는 느낌을 받게 될 것이다.

e비서 App에서 승인을 해주면, 고객에게 승인 문자가 전송되고, 고객은 본격적으로 VIP라운지에서 서비스를 이용할 수 있게 된다. K설계사는 승인을 한 후 고객을 그대로 방치하는 것이 아니라 고객에게 전화를 건다. "홍길동 과장님, 제 VIP라운지에 가입 승인을 요청해 주셨습니다. 감사합니다. 제가 바로 승인해 드렸는데, 승인 문자 받으셨나요? 이미 말씀 드린 것처럼, VIP라운지는 제가 제 소중한 고객분들과 함께 소통하며, 보다 적극적으로 도움이 되고자 만든 공간이니 앞으로 많은 이용바랍니다. 지난 면담 때 말씀 나눈 내용으로 최고의 솔루션을 준비하고 있습니다. 다음 2차 미팅을 기대해 주셔도 좋을 것 같습니다. 그때 다시 뵙고, 꼭 도움이 될 수 있는 솔루션으로 인사 드리겠습니다. 오늘도 행복한 하루 되세요!"

고객은 늘 바쁘다. 그들도 생활인이기 때문에, 직장과 가정생활에 치이며 산다. 이 말인즉슨, 초회면담 때 아무리 감동적인 상담을 진행했다 하더라도 2차 면담 때까지 그 감동이 그대로 남아 있을 리 없다는 것이다. 따라서 그 감흥을 연장하기 위해서 반드시 2차 면담 사이에 접촉이 필요한데, 지금까지는 그것을 찾기가 결코 쉽지 않았다. e비서의 VIP라운지는 자연스러운 접점을 만들어주어 2차 면담 약속이 지켜질 가능성이 높아지고, 담당 설계사는 보다 높은 신뢰감을 얻을 수 있게 된다.

고객 관리라는 것은 계약 이후의 사후 관리만을 의미하는 것이 아니다. 고객 관리는 세일즈 전반에 걸쳐서 이뤄져야 한다. 고객 관리를 계약 후 문자 발송, 정기간행물 발송 등으로 생각한다면, 계약 이전에 좋은 이미지를 줄 수 있는 기회를 상실하게 되는 것이다. 고객 관리는 고객과 첫 통화를 하면서부터 1차 면담, 2차 면담, 계약 그리고 모니터링 전반에 걸쳐 이루어질 때 그 진가를 발휘하게 되는 것이다.

K설계사는 계약 이후 매월 1주차에 고객에게 안부 문자를 발송한다. 형식적인 내용이 아니라 좀 더 진심을 담아 안부를 전하고, 매월 3주차에는 본인의 VIP라운지에 초대하여, 이벤트에 응모하게 한다. 또한 고객의 생일 축하, 결혼기념일 축하, 가족의 생일 축하 문자를 발송하여 지속적인 관심과 애정을 보낸다.

또한 VIP라운지의 앱을 통해 매일 매일 새로운 서비스를 핸드폰으로 알릴 수 있다. 무료 영화 서비스, 무료 도서 서비스, 무료 자문 서비스, 무료 안과 검진 서비스, 무료 헤어컷 서비스, 무료 커플 사진 촬영 서비스, 파격적인 공동 구매 특가 행사 안내, 변화무쌍한 금융정보 안내 등의 적극적인 VIP서비스를 경험함으로써 담당자에 대한 고객의 신뢰를 더욱 키울 수 있다.

보험설계사에게 있어 가장 중요한 것은 두말할 필요 없이 잠재 고객 확보다. 잠재 고객 확보의 가장 효과적인 방법은 기존 고객을 충성도 높은 고객으로 만든 후 그들로부터 소개나 추천을 받는 방법이다. 이는 대면 영업을 하는 설계사들에게 가장 기본이자 필수적인 고객 확보 방법이지만, 계약 후 고객을 소홀히 하거나 방치한다면 그들로부터 소개나 추천을 받기란 거의 불가능하다. 오히려 그 계약을 유지하는 것을 기적으로 보는 편이 맞을 수도 있다.

반면, K설계사는 금융정보 뿐만 아니라 삶에 필요한 실질적인 서비스를 제공하면서 많은 접점을 만들게 되어, 고객들로부터 높은 신뢰를 확보하고 있다. 이를 통해, 고객에게 전화하는 것이 아주 자연스럽고 편한 일상이기 때문에 소개를 요청하기도 쉽고, 고객은 감사한 마음으로 주변의 가까운 지인들을 적극적으로 소개해줄 수 있다.

철두철미한 고객 관리를 통해, 고객으로부터 신뢰를 확보하게 되면, 무한한 잠재 고객을 확보할 수 있고, 이를 통해 롱런도 가능하다. 고객도 사람이고, 설계사도 사람이다. 사람이 하는 일에는 수학 공식처럼 딱 들어맞는 결과가 생길 수는 없겠지만, 인지상정이라는 매커니즘이 작용을 하기 때문에, 고객이 담당자로부터 많은 관심과 서비스 그리고 정보를 받았다면, 담당자의 성공을 지원하고자 하는 자발적인 의지가 생겨나기 마련이다.

현재, K재무설계사는 매일 일상에서 e비서를 활용하여, 소개, 추천 확보는 물론, 다양한 금융세미나에도 적용하고 있다.

경찰공무원 재테크 세미나, 각종 협회 재테크 세미나, 기업 임직원 재테크 세미나 현장에서 청중에게 다양한 질문을 하고, 현장에서 질문에 응답한 분들에게는 e비서가 제작하여, 보급하고 있는 다양한 상품권을 선물로 제공한다. 본 선물을 이용하기 위해서는 K재무설계사의 이름으로 운영하고 있는 VIP라운지에 회원 가입을 신청하여야 하고, 약관 동의 후엔 승인을 받은 고객의 신상명세가 남겨지기 때문에, 고객에게 승인되었다는 통화를 하는 것은 물론, 상품권의 이용가치와 이용절차에 대해서도 안내를 해주고 있다. 그러한 과정에서 다양한 접점은 물론, 자연스럽게 대면하는 자리가 만들어지게 되고, K재무설계사는 계약의 기회를 갖게 되는 것이다.

K사에 근무하는 P자동차 딜러는 매월 꾸준하게 고객을 대상으로 안부 문자를 보내며 고객 관리를 해왔다. 그러나 수년간 그 문자에 대한 고객들의 반응이 좋지 않아, DM작업으로 전환하여 그 속에 자동차에 관한 정보, 지역 내의 저렴한 정비 서비스 정보, 상식 등을 넣은 인쇄물을 고객에게 발송하기 시작했다. 기존의 단순한 문자 발송보다는 DM에 대한 반응이 좋았기는 하지만 매월 새로운 콘텐츠를 담은 인쇄물을 만들어 고객에게 발송하는 것이 비용은 물론, 상당히 많은 시간과 에너지가 소요되는 일이라 꾸준하게 지속하기 어려운 상황이었다.

P자동차 딜러의 이름으로 개설한 VIP라운지는 PC와 스마트폰으로 쉽게 접할 수 있을 뿐만 아니라 DM으로 보내는 내용을 VIP라운지에 탑재하여 편하게 PC와 모바일에서 이용할 수 있게 하였다. 이를 통해 인쇄와 발송에 소요되는 시간과 비용을 절감할 수 있을 뿐만 아니라 고객들이 아주 편한 매체를 통해서 딜러가 제공한 정보를 접할 수 있게 되어 효용가치가 두 배로 커졌다는 평가를 하고 있다.

자동차는 현대인의 필수 소비재다. 제품의 질을 보고 자동차를 구매하던 시대는 이미 지나갔다. 국산 자동차가 세계적인 명차들과 어깨를 나란히 한 상황에서 고객들은 그 제품을 이리저리 따져보고 이용하기 보다는 자동차 딜러의 추천과 가이드를 받아 제품을 구매하게 된 것이다.

신차와 중고차 딜러가 10만 명에 육박하는 상황에서 언제까지 길거리에 현수막을 붙여 잠재 고객을 만나길 바라고 있을 수만은 없는 일이다.

나는 자동차를 여러 대 구입했지만, 사실 판매 담당자로부터 이렇다 할 관리를 전혀 받고 있지 못하다. 추석 및 설에 카카오톡 및 단체 문자가 오는 정도이다. 나에게는 차를 구매할 예정도 있고, 내 주위에 차를 구매할 잠재 고객도 널려 있는데, 나에게 차를 판 담당자는 왜 나를 방치하는 것일까?

사람은 여섯 번 정도는 만나야 상대가 편해지고, 친분이 두텁다고 생각을 하게 된다는 칼럼을 본 적이 있다. 계약 전후 딜러는 고객과 몇 번 만날까?

P자동차 딜러는 매월 2회에 걸쳐 안부 문자, VIP라운지 App을 활용한 VIP 서비스 제공 외에 특별한 선물을 더 전한다. 해당 지역에 있는 자동차 정비업체와의 협약을 통해 본인의 VIP라운지에 e비서가 제공하는 서비스 이외에도 본인이 직접 서비스를 탑재하여, 시리즈 형태로 고객에게 해당 서비스를 적극적으로 안내하여 호평을 받고 있다. 이는 고객뿐만 아니라 제휴 정비사로부터도 크게 호응을 얻고 있다. 정비소들도 고객이 필요한데 P딜러가 결국 직간접적으로 고객을 정비소로 보내주는 역할을 하고 있기 때문이다. P딜러는 고객에겐 다양하고 실질적인 VIP 서비스를 제공하고, 제휴사에게 모객을 도와줌으로써 아름다운 상생을 실천하고 있고, 그 핵심 솔루션이 바로 e비서이다.

고객 관리 성공 사례 | 3. 미용실

H미용실은 직원 수가 60명에 육박할 정도로 큰 규모의 기업형 미용실이다. 이 미용실은 고객 유치를 위해 소셜커머스, 각종 포털사이트에서의 키워드 광고는 물론, 기타 바이럴 마케팅 수단을 동원하여 적극적으로 홍보를 해왔지만 광고 비용 대비 만족스러운 결과를 얻지는 못했다.

미용실은 한번 단골이 되면 잘 바꾸지 않기 때문에 뜨내기손님을 잡는 것이 아니라 단골 고객을 확보하는 방향으로 마케팅 및 홍보 전략이 이루어져야 한다. 그렇다고 해서 동네 미용실처럼 그 지역의 한정적인 고객층만을 대상으로 공략하는 것은 사업 확장에 한계가 있기 때문에 고도의 전략의 필요하다.

H미용실은 e비서를 활용하면서, 여성의 특권의식을 활용한 사례이다. 미용실이 가장 보편적으로 많이 쓰는 방법이 포인트적립제도다. 다섯 번 혹은 열 번 방문하

면, 할인 폭을 크게 적용하거나 무료 시술을 제공하는 방식인데, 업계에 보편적인 방법으로 자리 잡은 지 오래다. H 미용실은 기본적으로 진행하던 포인트적립 방법은 그대로 유지하고 거기에 더해 e비서를 도입하여, VIP라운지 서비스를 제공했다.

특히, H미용실은 App에 있는 모바일 초대장의 기능을 고객이 주변 지인에게 활용하도록 권하였고, 지인들이 고객의 초청을 통해 VIP라운지에 회원 가입을 하면, 고객은 물론, 가입한 지인에게도 선물을 주는 방식을 도입하였다. 물론, 그 선물은 미용실을 방문하여 수령하는 방식이었다. 이럴 경우, 고객의 지인은 고객에게 미용실에 대해 자세한 질문을 하게 되고, 고객과 함께 H미용실을 방문하는 경우가 많았다. 미용실을 방문하게 되어, 선물 수령은 물론, 미용실에서 서비스를 이용하게 되어, 잠재 고객을 확보함에 있어 큰 실익을 거두고 있다.

여성고객의 특성상 미용실, 네일 케어, 에스테틱 등의 업종은 입소문이 빠른 편이다. 미용실의 헤어 시술 역량이 평준화되면서, 미용실을 선택하는 기준은 분명 다양해지고, 규칙 파괴적인 양상을 보이고 있다. 그간 미용실에서의 고객 관리란 사실상 고객 동선 관리였다. 미용실에 몇 번을 방문했고, 담당 디자이너 매칭, 문자 관리 등 사실상 영업 관리 측면이 강했지, 고객 관리 면에서는 전혀 발달되지 못했다. 나도 단골 미용실이 있지만 주기적으로 날아오는 할인 혜택이 거의 유일한 고객 관리이다. 미용실에 방문하여 탁월한 헤어 시술을 받아 감동을 받는다 하더라도 재방문하기까지 많은 경쟁 업체의 유혹에 노출되어 있다.

꾸준한 고객 관리는 고객을 의리 있게 만들어 준다. 현명한 소비자라는 미명하에 이 미용실, 저 미용실을 쇼핑하지 않고 꾸준히 방문하게 하려면 고객과 보다 다양한 접점을 만들어 차별화된 서비스를 받고 있다고 느끼도록 해주는 것이 중요하다. 또한, 그런 꾸준한 고객 관리는 단골 고객 주위에 있는 수많은 잠재 고객을 유인하게 만드는 효과가 있다는 사실도 기억해야 한다. 아직도 구태의연한 주기적 문자만 발송하고 있다면, 고객의 요구와 시대의 흐름에 맞는 고객 관계 관리 방법을 더욱 적극적으로 연구해 봐야 한다.

H미용실의 경영이사는 e비서 플랫폼을 고객 관리 목적으로 활용을 하였다. e비서에서 관리하는 고객수가 15만 명을 넘어가다보니 콘텐츠 및 서비스를 보유하고 있는 기업에게는 좋은 파트너로 인식되었고, 이에 따라 H미용실 경영이사의 고객회사를 e비서에 탑재시키게 되었다. e비서는 기본적으로 VIP 멤버십 서비스를 제공하는 사업을 하고 있기 때문에, 고도의 전략을 구상해야 하지만 결론적으로 경영이사의 고객인 치과, 안과, 꽃집, 스튜디오 등이 e비서에 입점을 했고, 이를 통해 경영이사는 고객들로부터 큰 찬사를 받게 되었다. 물론, e비서도 경영이사의 도움을 통해 양질의 콘텐츠를 탑재할 수 있어 e비서의 경쟁력을 높일 수 있었다.

이와 같이 e비서라는 플랫폼에 자신들의 고객을 입점 지원하여 홍보는 물론, 직접적인 판매를 지원함으로써 가장 이상적인 고객 관리서비스를 제공하게 되었다. 사업을 하는 고객에게 그들의 제품을 홍보해주고, 판매해주는 것만큼 더 고마운 고객 관리는 없을 것이다.

현재, e비서를 활용하고 있는 다양한 업종의 사용자들의 요구에 의해 지속적인 제휴 사업을 추진하고 있으며, 이는 모두가 이기는 윈윈 게임이다. 고객 관리는 복합적인 이해당사자들의 참여에 의해 큰 도약을 이루는 산업으로 성장할 수 있다. 그 중심에서 e비서가 초석을 세우고 있다고 생각한다.

고객 관리 성공 사례 | 4. 출판업

한국에서 아동 관련 서적을 출간하는 대형 회사는 약 20개 정도이다. 그중 B사는 e비서를 도입하여, 아동 전집을 구매한 고객을 적극적으로 관리하고 있다. 유아교육산업은 상당히 경쟁이 치열한 분야로 알려져 있다. 이는 교육열이 그 만큼 뜨겁기에 파생된 결과일 것이다. 출판사는 책을 팔아야하고 아이를 둔 부모는 좋은 책을 구매해야 한다. 좋은 책을 만드는 것도 중요하지만, 고객들의 선택을 적극적으로 끌어내는 것도 매우 중요하다. 교육은 그 어떤 산업보다도 선경험자의 말을 신뢰하다 보니 바이럴 마케팅이 발달했다. 어떤 출판사의 책을 이용해 보니 좋았다더라, 타 출판사와는 다른 다양한 혜택이 있다더라, 그런 혜택을 통해 아이 교육은 물론, 다양한 생활의 편의를 누리고 있다더라 등등의 에피소드를 활용하는 방식이다.

이왕이면 검증된 출판사의 양질의 책을 아이에게 주고 싶은 것이 부모의 마음 아니겠는가? 또한 보다 성의 있는 고객 관리를 해주는 출판사가 당연히 입소문도 빠르게 날 것이고, 이를 통해 소개나 추천도 자연스럽게 늘어날 수밖에 없는 것이다.

B출판사는 전국 어린이서적 대리점과의 협업을 통해 VIP라운지를 적극적으로 활용하고 있다. 마트에서 라면에 냄비를 사은품으로 주면서 파는 방식이 아니라 학부모와의 소통과 지속적인 A/S를 강조하면서 책 프로모션을 전개하다 보니 신규 고객 창출에 도움을 받고 있다. 이런 차별화를 통해 도서전집을 구매하는 것은 물론 기존 고객으로 잠재 고객 추천을 받아내어 2차 판매까지 증가하였다.

이 출판사는 고객 관리 뿐만 아니라 이미 확보되어 있는 e비서의 고객을 대상으로 직접적인 판매 마케팅을 준비하고 있다. 제휴 마케팅은 불특정 다수가 아니라 이미 보유하고 있는 특정 고객층을 대상으로 하다 보니 비용 대비 효과가 높은 편이다. 타깃을 찾아 맞춤형 마케팅을 하기 때문에 광고대행사만 배불리는 비효율적인 홍보가 아니라 고객에게 직접적인 혜택이 돌아가게 하는 홍보를 할 수 있는 것이다. 출판사는 도서정가제 때문에 운신의 폭이 크지는 않지만 책 판매와 기타 서비스를 연계하여 판매 프로모션을 준비하고 있다.

B출판사는 고객 관리 플랫폼에 등록된 고객의 수가 증가하면서, 출판사와 연계된 다양한 업종도 플랫폼에 탑재시키고 있다. 플랫폼 비즈니스의 가장 큰 장점은 여러 물감이 섞여 어두워지는 것이 아니라 여러 빛이 모여 큰 에너지로 상생하기 때문에, 끊임없는 재생산과 확대가 이루어지고 있다.

B출판사의 추천에 의해 치과, 화장품 회사, 전시회 업체 등과의 면담이 이루어졌고, 이들 제휴사의 참여로 또 다른 서비스가 창출되어 보다 막강해진 서비스를 제공할 수 있게 되었다. 출판사의 기존 고객 관리의 패러다임을 혁신적으로 바꾸면서 선도적인 역할을 하는 B출판사는 세상이 주목할 회사로 곧 도약할 것이다.

고객 관리 성공 사례 | 5. 의료기기회사

글로벌 기업인 M사는 장루환자를 위한 장루용품을 만들어 공급하는 회사이다. 장루환자는 일반인이 잘 인식하지 못하는 특수 환자이지만 그 숫자가 적지 않다. 특히, 국내에서 해당 산업은 네 개의 글로벌 회사가 잠식을 하고 있는데, e비서의 고객인 M사는 업계 2위였다. 제품력은 이미 평준화되어 고객들이 제품을 판단할 때, 제품력보다는 주치의의 추천이 가장 큰 영향력을 발휘하는 상황이다.

이러한 환경에서 M사는 고객에게 제품뿐만 아니라 고객 삶에 도움이 되는 다양한 서비스 제공을 결정했고, 그의 파트너로 e비서를 선택했다. e비서는 M사의 요청을 통해, 컨퍼런스에 모인 환우들을 대상으로 설문 조사를 실시하였다. 어떤 서비스가 그들 삶에 직접적으로 필요한지를 우선 파악한 후 고객이 원하는 서비스를 탑재시킬 계획이었다. 다양한 연령층의 고객이 있었지만 특히 중장년층의 요구사항이 주를 이루었고, 그 내용을 분석해본 결과 주로 건강증진서비스에 대한 요구사항들이 많았다. 설문 조사 내용을 들고 대형병원을 돌며 M사가 폭 넓은 환우 지원 사업을 도모하겠다고 전달하여 의료진들로부터 좋은 호응을 얻은 바 있다.

e비서는 고객들의 요구에 부합되는 서비스를 추가로 탑재를 시켰고, 다양한 방법으로 M사의 고객에서 서비스를 제공하였다. M사 입장이나 e비서 입장에서도 새로운 시도였고, 의미 있는 도전이었다. M사는 고객으로부터, 제품 판매에만 집

중하는 회사가 아니라 고객 삶의 편의를 제공하는 고마운 회사, 바람직한 회사라는 평을 얻을 수 있었다. 물론, 부족함이 없었던 것은 아니었지만 2년간 서비스를 무사히 제공하여, 고객 관리의 신세계를 열었다고 생각한다.

환자를 대상으로 영업하는 제약회사, 의료기기회사는 단품을 팔고 끝나는 것이 아니라 해당 환우 고객으로부터 지속적인 선택을 받기 위해서는 주력 상품의 질은 높이는 것은 물론 그 외적인 노력을 통해 고객과 정서적 교감을 끌어내고 차별화된 이미지를 만드는 것은 필수불가결하다.

의료기기회사의 VIP라운지는 활용법이 단순해야 한다. 연령층이 다양했기 때문에 전 연령층의 이용을 고려해야 하기 때문이다.

e비서를 활용하는 방법은 간단하고 명쾌하다. e비서 활용은 크게 3단계로 이루어지는데, 첫 번째 고객을 초대한다. 초대하는 방법은 종이 초대장을 활용하여 대면시에 활용하거나, e비서 App에 탑재된 모바일 초대장을 활용하여 고객에게 편하게 전파하고, 고객은 스마트폰에서 간편하게 신청할 수 있다. 두 번째 고객 승인을 한다. 고객이 VIP라운지에 회원 가입을 요청하면 실시간으로 승인 요청 알림이 뜨기 때문에 바로 승인을 해줄 수 있고, 승인된 고객은 실시간으로 가입 승인 안내 문자를 받게 된다. 세 번째 고객과 소통한다. 회원 가입 승인을 한 후 고객에게 전화를 걸어 승인 안내 문자를 받았는지의 확인과 앞으로 VIP서비스를 이용하면서 긴밀한 소통하자고 제안하는 것이다. 이렇게 간단한 절차를 통해 고객과의 접점을 만들 수 있었기에 다양한 연령층을 관리해야 하는 의료기기회사의 영업에서도 잘 활용할 수 있었던 것이다.

오늘도 발로 뛰는
현역 영업맨

"지인으로부터 e비서를 소개받아 호기심으로 사이트를 방문해봤어요. 그리고 나서 며칠 간 고민한 끝에 회원 가입을 했지요. 기대가 되면서도 얼마만큼 효과가 있을지는 자신할 수는 없었어요. 그런데 시간이 지나면서 서서히 고객들의 반응이 나타나기 시작했어요. 제가 전화를 하기 전에는 연락도 없으셨던 분들까지 제 이름으로 개설된 커뮤니티 사이트를 방문해 적극적으로 교류를 해주었습니다.

그래서 고객들과 돈독한 관계를 유지할 수 있었고 이를 토대로 금융, 보험 상품을 더 많이 판매할 수 있었어요. 저 또한 e비서 혜택을 많이 보고 있어요. 매달 배송비만 내면 공짜로 책을 볼 수 있어서 좋았는데, 며칠 전에는 뮤지컬 초대권에 당첨되어 남편과 함께 무료로 공연을 보았어요. 이외에도 건강검진, 미용실 이용, 호텔 특가 이용

등 다양한 서비스를 받게 되니 너무 좋더라고요. 다양한 서비스를 잘 갖춘 e비서를 알게 되어 다행입니다. 앞으로도 더욱더 번창하길 바랄게요."

　대구의 한 자산관리사가 올린 e비서 사용 후기다. 이분처럼 솔루션의 혜택을 톡톡히 보고 있는 분들이 많다. 다들 푸짐한 멤버십 서비스 혜택을 체험하고 나면 e비서를 높게 평가하곤 한다. e비서는 매니저와 그가 관리하는 고객들 모두에게 아낌없이 서비스를 선사하고 있다.
　현재 e비서에는 전국 각지의 자산관리사, 자동차딜러, 미용실, 학원, 태권도장 및 기타 자영업사업자 등이 회원으로 등록이 되어 있다. 우리는 e비서 사이트를 만들어 놓은 것 말고는 특별히 홍보 마케팅을 하지 않았다. 그런데도 어떻게 지방에 있는 그 많은 분들이 e비서 매니저가 될 수 있었을까? 방법은 하나다. 발로 뛰어 직접 고객을 찾아갔기에 가능했다.

회사 경영을 하는 한편 전국을 무대로 영업을 하려면 몸이 두 개라도 부족할 수밖에 없다. 하지만 사람 만나길 좋아하는 내가 비즈니스 현장의 살아 있는 소리를 바로 들을 수 있는 이점이 있기에, 영업을 계속 하고 있다. 나는 영원히 현장에 남을 것이다. 혹자는 왜 대표가 직접 영업을 다니느냐고 물어보는데, 이유는 간단하다. 첫째 e비서를 기획하고 설계했던 나 자신이 영혼을 담아 상담할 가장 적합한 영업 담당자이기 때문이다. 둘째 완성도 높은 상품은 고객의 요청 및 불만을 해결하는 과정을 통해 만들어진다고 믿기 때문에, 고객을 만나는 것은 e비서 혁신에 필수불가결한 요소이다.

출장이 없는 평일에는 회사로 출근해서 오후 11시 정도에 퇴근을 한다. 지친 몸을 이끌고 집으로 돌아와 1시쯤에 잠이 들면 새벽 5시에 기상을 한다. 출장이 있는 날에는 지역에 따라 다르지만 보통 오전 4시 반에 일어나 서울역으로 간다. 그곳에서 KTX를 타고 부산, 창원, 대구, 광주, 전주, 목포, 울산, 천안 등으로 향한다. 지방에 도착해서는 주로 패스트푸드로 끼니를 채우고 다수의 미팅과 PT를 진행한다. 이렇게 빠듯한 스케줄을 소화한 후 다시 KTX를 타고 서울로 돌아오면 보통 자정이 넘는다. 택시를 타고 귀가해서 2시쯤 취침한다. 솔직히 말해서 육체적으로 버겁지 않다면 거짓말일 것이다.

그러나 이 모든 것을 가능한 것은 '간절한 꿈'이 있기 때문이다. 또한 어릴 적부터 농군이신 부모님과 함께 한 농사일로 길러진 기본 '체력'도 한몫하는 것 같다. 고2때 아버지께서 익사사고로 소천하신 후 나는 물과 수영에 대한 큰 한이 생겼다. 그 사건을 계기로 피나는 수영 연습과 노력을 했고 그 결과 40대 초반의 나이에도 25킬로미터를 수영을 할 수 있다. 그리고, 시간 날 때마다 지리산 2박3일 종주를 하고 있다. 한라산을 제외한 남한 최고봉인 천왕봉 정산까지 가는 길은 험난하다. 자주 가다보니 방심을 하는 바람에 계곡으로 굴러 떨어지는 사고를 당하기도 했다. 화엄사에서 노고단을 거쳐 천왕봉으로 등정하기 위해서는 한결같은 보폭을 유지하면서 체력을 잘 안배해야한다. 고르게 숨을 들이마시고 내쉬면서, 육체적 한계를 극복해야만 정상을 차지할 수 있다. 이때도 필요한 건 순간적인 순발력이 아니라 오래 견딜 수 있는 지구력이다.

이와 함께 빠질 수 없는 게 성실한 자세이다. 전문적인 경영 수업을 받지 못한데다가 IT 분야에 대해서도 잘 알지 못한 내가 믿을 건 이것뿐이다. 더욱이 회사 식구들과 대한민국 No.1 기업 복지 솔루션 및 고객 관리 솔루션을 창조해 내는 기업 목표와 철학을 믿고 응원해주는 수많은 매니저와 위탁 고객들에게 대한 책임감이 있다. 한순간 자만한다면 나 혼자만 나락의 길로 빠지는 게 아니라 수많은 분들이 피해를 보게 된다. 때문에 더더욱 심기일전해서 하루하루 절박한 심정으로 최선을 다하고 있다.

흔히, 비즈니스에서 가장 중요한 것이 전문적인 능력일 것이라고 생각하지만 사실은 그렇지 않다. 세계적인 가치 투자가인 워런 버핏은 기업인을 판단할 때 첫 번째 성실, 두 번째 에너지, 세 번째 지능을 잘 갖추었는지를 고려한다고 한다. 그는 이 세 가지 중에서도 특히 성실을 중시한다. 그는 "성실함이 없다면, 자신의 에너지와 지능 때문에 파멸하고 만다"고 강하게 이야기한다.

내게는 손때 묻은 오래된 배낭이 있다. 캐주얼한 정장을 입고 이 가방을 등에 맨 채로 전국을 발로 뛰어다니고 있다. 아직도 내겐 서류 가방이 익숙지 않다. 언제 어디든 나를 부르는 곳으로 신속하게 달려 가야하기 때문에 배낭이 편하다. 앞으로도 배낭은 내게서 떼려야 뗄 수 없는 분신이 될 게 분명하다. 나는 고객 관리 전령사로, 기업 복지 전령사로 전국을 뛰어다니는 현역 영업맨이기 때문이다. 이론으로 만들어진 서비스가 아니라 현장에서 발로 뛰며 고객들과 함께 호흡하고, 고민하여 탄생한 상품이 최고의 상품이란 생각으로 오늘도 나는 현장으로 달려간다. 그리고 고객이 있는 바로 그곳에서 고객을 만날 것이다. 만약 당신이 오늘도 고객을 애타게 찾고 있다면, 성공에 대한 갈증과 목마름을 느낀다면, 하루에도 몇 번씩 포기를 생각하고 있다면, 당신은 내가 찾는 그 고객일 것이다. 우리는 반드시 현장에서 만나게 될 것이다. 그날을 손꼽아 기다려 본다.

참고 도서

- 《**간절함이 열정을 이긴다**》, 곽재선 저, 미래의 창 (2013)
- 《**결정적인 순간 15초**》, 얀 칼슨 저, 김영한 역, 다산북스 (2006)
- 《**깨진 유리창의 법칙**》, 마이클 레빈 저, 김민주·이영숙 공역, 흐름출판 (2006)
- 《**나승연의 프레젠테이션**》, 나승연 저, 21세기북스 (2012)
- 《**상도**》, 최인호, 여백미디어 (2013)
- 《**열광하는 팬**》, 셀든 보울즈 저, 조천제 등 역, 21세기북스 (2001)
- 《**왜 나는 영업부터 배웠는가**》, 도키 다이스케 저, 김윤수 역, 다산3.0 (2014)
- 《**왜 일하는가**》, 이나모리 가즈오 저, 신정길 역, 서돌 (2010)
- 《**존 맥스웰의 큐티리더십**》, 존 맥스웰 저, 김경섭 역, 중앙북스 (2008)

실패할 용기

초판1쇄 인쇄 2016년 1월 11일
초판1쇄 발행 2016년 1월 18일

지은이 이현호

발행인 이정식
편집인 신휘선
편집장 신수경
편집 이현정 김혜연
디자인 디자인 봄에 | 신인수
마케팅 안영배 경주현
제작 주진만

발행처 (주)서울문화사
등록일 1988년 12월 16일 | 등록번호 제2-484호
주소 서울시 용산구 새창로 221-19 (우)140-737
편집문의 02-7999-361
구입문의 02-791-0762
팩시밀리 02-749-4079
이메일 book@seoulmedia.co.kr

ISBN 978-89-263-9683-4 (03320)